Baron Gaëtan DE WISMES

Les

# FÊTES RELIGIEUSES

# en Bretagne

COUTUMES, LÉGENDES & SUPERSTITIONS

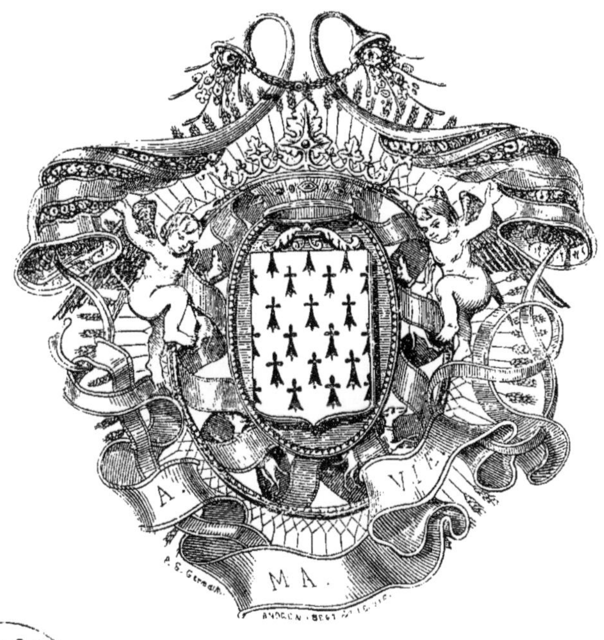


**NANTES**

C. MELLINET. — BIROCHÉ & DAUTAIS, Successeurs

5, Place du Pilori, 5

—

**1902**

# Les Fêtes Religieuses

# EN BRETAGNE

Baron Gaëtan DE WISMES

# Les

# FÊTES RELIGIEUSES

# en Bretagne

## COUTUMES, LÉGENDES & SUPERSTITIONS

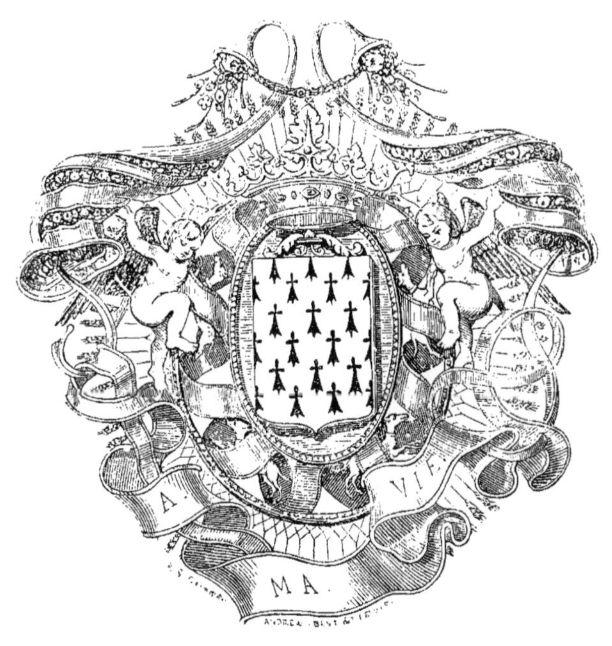

# NANTES

Imprimerie C. MELLINET. -- BIROCHÉ & DAUTAIS, Successeurs

5, Place du Pilori, 5

1902

# Avant-Propos

Il y a dix ans, je donnai au *Nouvelliste de l'Ouest* (¹)
quelques études intitulées : *Les Fêtes religieuses au
point de vue historique et légendaire*. De cordiaux éloges
me furent adressés et l'on me pressa de réunir en brochure cette suite de monographies. L'idée me plut : je
fis de cette future publication une sorte d'ouvrage à
tiroirs, dans lequel s'intercalèrent sans cesse des documents butinés à droite et à gauche ; chaque fois que,
dans un livre, une revue, un journal, une lettre, une
conversation, je rencontre un fait nouveau, je le
recueille avec soin.

(1) *Noël* (25 décembre 1891). *Le premier jour de l'an* (1er janvier
1892). *L'Epiphanie* (7 janvier). *Le Carême* (5 mars). *Les Rameaux*
(10 avril). *La Semaine Sainte* (14 avril). *Pâques* (16, 23 et 28 avril).
*Le mois de Mai* (20 et 22 mai). *Les Rogations* (25 mai). *La Pentecôte*
(5 et 10 juin). *La Fête-Dieu* (19 et 22 juin). *La Saint-Jean* (21 juin
et 1er juillet). *La Toussaint et la Commémoration des morts*
(3 novembre).

Personne ne s'étonnera dès lors si la *brochure* s'est muée en un *gros livre*, qui sera édité, Dieu seul sait quand ! Mais d'ici que luise ce jour faste, il m'arrive, de temps à autre, d'extraire quelques pages de mon volumineux manuscrit : c'est ainsi que j'ai le plaisir de vous présenter (1) un petit panorama des coutumes pittoresques, des légendes charmeuses, des croyances étranges de notre province, qui se rattachent aux principales fêtes du cycle liturgique.

Loin de moi la prétention d'épuiser le sujet. Mon seul rêve est de distraire vos esprits, las des vilenies contemporaines et fatigués par le labeur quotidien, en les promenant à travers ce paradis que l'on ne quitte jamais sans l'âpre désir d'y retourner, ce paradis qui se nomme : la Bretagne traditionnelle.

(1) Ce travail a été lu à la *Société Académique de Nantes et de la Loire-Inférieure*, aux cours des réunions des 6 février, 13 mars, 13 novembre, 4 décembre 1901 et 12 février 1902.

# Noël

Durant plusieurs siècles, la Nativité de N.-S. fut
l'objet de représentations figurées dans les rites ecclésiastiques et de jeux dramatiques hors des églises (1).
Cet usage était foncièrement populaire et je n'en veux
pour preuve que le trait suivant :

« Il se passa aux Moûtiers (petite commune de la
Loire-Inférieure), en 1797, un fait assez singulier.
Le 13 janvier, plusieurs citoyennes de la commune
demandent à l'administration cantonale l'autorisation
de jouer *La Pastorale* de la naissance de l'Enfant
Jésus, sur un théâtre qu'elles ont dressé à la Rairie,
pastorale, disent les pétitionnaires, déjà jouée avec
succès à la Bernerie et même à la Rairie, dans l'igno-
rance où elles étaient alors qu'il fallût une permission
pour jouer la Naissance du Christ, suivie du Massacre
des Innocents. Le Conseil, après mûre délibération,
refuse l'autorisation, dans la crainte que ce spectacle ne
devienne un point de réunion où la tranquillité pourrait
être troublée et aussi parce que ladite Pastorale n'est
pas analogue aux circonstances. Cette démarche des
citoyennes des Moûtiers excita la surveillance de
l'Administration, qui prit un arrêté prohibant tous les

(1) Cf. Cie DE DOUHET : *Dict. des Mystères*. au mot NATIVITÉ.

théâtres et toutes les assemblées nocturnes. En 1804, on permit de jouer la Pastorale » (1).

A Nantes, ainsi que l'atteste la note ci-dessous, l'on était moins peureux qu'aux Moutiers : « 26 *nivôse* an IX (16 janvier 1801). Pastorale sur la naissance de Jésus-Christ. Depuis quelques temps cette pièce est jouée partout » (2).

L'exécution des pastorales dans les églises n'est plus dans nos mœurs et je doute que cette coutume ressuscite. Mais le spectacle de la Nativité est d'un charme si captivant que nos compatriotes n'ont jamais cessé de le chérir et de le demander ; la plupart de nos villes bretonnes ont la joie de l'applaudir dans les salles des cercles et des pensionnats. Vous me permettrez bien de signaler, ne fût-ce que pour l'avenir, *La Nativité,* de M. l'abbé Jouin, le distingué curé de Paris, princièrement montée à Nantes par M. l'abbé Lequeux, le zélé vicaire de Saint-Similien : pendant une quinzaine de représentations, en 1899, 1900 et 1901, cet émouvant spectacle n'a cessé d'attirer des auditoires très nombreux dans la vaste salle de l'Externat des Enfants-Nantais.

La représentation figurée de Noël existe sous une autre forme, plus à la mode que jamais, celle des crèches. M. Max Radiguet, en son charmant ouvrage : *A travers la Bretagne,* raconte que, durant la semaine de la Nativité, une mise en scène qui, malgré sa monotonie, jouit de la faveur populaire, se produit dans plusieurs églises du Finistère : sur une estrade élevée,

(1) Abbé ALLARD : *L'ancien port de Prigny et le grand prieuré des Moutiers,* pp. 472-473.

(2) P. DE BERTHOU : *Alexis Transon, charcutier, philosophe et antiquaire (1775-1847). Extraits d'un journal pour les années 1799-1801. Revue de Bretagne, de Vendée et d'Anjou,* mai et juin 1901.

une grotte construite en guirlandes de lierre et constellée de clinquant figure une étable avec tous les personnages voulus, entre autres le nègre Melchior vêtu de satin blanc et, rangés le long des parois, des bergers et des bergères portant les divers costumes bretons en usage les jours de gala et tenant en main une houlette enrubannée ou des paniers remplis de denrées. Une barrière en avant de l'estrade contient la foule empressée. Toutes les classes sociales se coudoient à ce pieux pèlerinage, que l'on ne saurait terminer sans déposer une offrande sur le plateau pour les pauvres et sans embrasser une image peinte du Divin Sauveur, que les baisers de la multitude ont décolorée.

Notre cité nantaise a conservé l'aimable usage d'ériger dans ses innombrables sanctuaires des crèches pittoresques devant lesquelles c'est un défilé continu de bébés, ravis de contempler leur Divin Modèle, de parents joyeux de la joie de leurs enfants, de vieillards et de misérables qui viennent puiser là une leçon utile de résignation. Il n'y a pas encore bien longtemps, nos compatriotes admiraient à juste titre la crèche monumentale qui occupait l'intégralité d'une des chapelles absidiales de la basilique Saint-Nicolas, et dont l'agencement ingénieux, la multiplicité et la richesse des personnages et des accessoires faisaient une merveille; on accourait également des quatre coins de la ville pour rendre visite à la crèche de l'établissement de Saint-Joseph, rue des Orphelins: sur une longueur d'une dizaine de mètres, s'étendait un paysage délicieux : rivière encaissée, pont rustique, collines, prairies, bosquets, et c'était une théorie complète de bergers, de paysans, de chiens, de moutons, de mages, d'éléphants, de chameaux se dirigeant vers l'endroit où l'Enfant Jésus reposait, éclairé par mille lumières discrètes, sous la garde de Marie et de Joseph, et chanté par les anges.

Depuis quelques années, la coutume est venue de placer au premier rang des crèches de nos églises un tronc surmonté d'un nègre agenouillé, vêtu d'une robe éclatante : lorsqu'une menotte ingénue laisse tomber son obole dans le tronc, le personnage exotique baisse la tête en signe de gratitude. N'est-ce point le cas de rééditer le mot fameux : « C'est vous qui êtes le nègre, continuez », puisque nos chers babys apprennent en s'amusant le devoir si doux de l'aumône.

Noël est, par excellence, la fête gaie et populaire, l'époque des réunions de famille, la date des réconciliations. « Si la joie est le caractère de toute la liturgie catholique, dit excellemment Léon Gautier, elle n'éclate nulle part aussi fraîchement que dans cette fête de la Nativité de Notre-Seigneur. *Noël* et *joie* sont deux mots synonymes. La joie pascale est immense sans doute ; elle est peut-être plus vive que la joie de Noël ; mais elle est moins fraîche ». Et, à son tour, le vicomte Walsh chante cette joie en termes lyriques : « Sous le plus misérable toit, il y a eu du bonheur quand les cloches ont annoncé que le Divin Enfant nous est né. Dans cette fête, que l'on pourrait nommer la fête des mères, des enfants et des pauvres, que d'encouragements pour tous, mais spécialement que de consolations pour ceux que le monde ne compte pas parmi ses favoris ! » (1).

Ce noble sentiment de l'amour des déshérités en ce jour de la Naissance du Sauveur dominait l'âme d'une de nos plus glorieuses compatriotes, la Bienheureuse Fran-

---

(1) V<sup>te</sup> WALSH : *Tableau poétique des fêtes chrétiennes*, pp. 59 et 62.

çoise d'Amboise, duchesse de Bretagne. « Pendant son séjour dans le monde, dit un vieil auteur, elle souloit (avait coutume) tous les ans habiller tout de neuf un pauvre petit enfant à la feste de Noël en l'honneur de Notre Seigneur Iésus Christ, et disoit avec une ioye spirituelle : Ce petit innocent nous représentera l'enfant Iésus cette année » (1).

J'aurai fréquemment l'occasion, au cours de cette monographie, de signaler des redevances féodales, car leur échéance venait d'ordinaire aux jours des fêtes religieuses, et elles offrent un côté pittoresque, instructif et amusant, qui n'est pas à négliger dans un tableau de la vie d'autrefois.

Que faut-il penser des redevances féodales ? Des historiens, dédaigneux des sources originales ou amoureux des procès de tendance, ont peint cet usage comme un ensemble odieux de mesures tyranniques qui violaient la liberté, escroquaient les biens et blessaient l'honneur des serfs de la glèbe.

De nos jours, si l'on ne veut passer pour un ignorant ou un écrivain de mauvaise foi, il est nécessaire d'abandonner un jugement aussi ridicule.

Pour nous en tenir aux redevances féodales qui seront énumérées ici, nous constaterons plusieurs caractères qui ne sont pas précisément en leur défaveur.

La dépense représentée par elles était presque nulle : c'étaient des fleurs, du pain, du vin, des gâteaux, du gibier, des volailles, des gants, des cierges, une bûche à Noël, des œufs à Pâques, de la verdure au 1er Mai, quelques fagots à la Saint-Jean.

(1) Vincent Charron : *Kalendrier historial de la Glorieuse Vierge Marie*, p. 745.

En beaucoup d'occasions, les redevances féodales formaient des spectacles divertissants, peu pénibles pour les débiteurs et procurant un plaisir honnête à des populations entières : tels étaient les devoirs de chansons, de danses, de musique ; tels encore les jeux de soule et de quintaine — souvent à la charge des seigneurs — auxquels prenaient part tous les jeunes gens ; la plantation du mai, l'embrasement du feu de la Saint-Jean étaient salués par des cris joyeux ; pour le saut des poissonniers dans la rivière, le duel aquatique de l'oie et du chat, le cortège bruyant des ânes du sire de Retz, on devine les accès d'hilarité qu'ils provoquaient dans la foule.

Gaies et nombreuses à Noël, à Pâques, à la Pentecôte, à la Fête-Dieu, à la Saint-Jean, les redevances sont presque à l'état de mythe aux époques mélancoliques du Carême et de la Toussaint. A ce premier caractère religieux, on doit en ajouter un autre : pour s'acquitter des redevances, on se voyait contraint de se reposer les jours de fêtes, et c'était là grand profit pour la santé de l'âme et du corps.

Quant à certaines redevances vexatoires, qui furent une *très rare exception,* la probité commande de remarquer que l'on pouvait s'en exonérer moyennant une faible somme d'argent.

En résumé, les redevances féodales — dont plusieurs, sans que personne récrimine, se sont perpétuées de nos jours sous des formes variées : bois, volaille, beurre, sable, charrois, etc., etc. — étaient une charge infime pour le débiteur et fournissaient souvent à la population une aimable occasion de se divertir. Je suis convaincu que nos pauvres cultivateurs, accablés sous le fardeau toujours plus écrasant des impôts, seraient aises de revenir aux errements de jadis.

Ma probité coutumière me fait une étroite obligation de déclarer qu'une très notable partie des redevances signalées au cours de ce travail sont empruntées à l'étude magistrale de M. le chanoine Guillotin de Corson, étude justement honorée d'une médaille de vermeil par la « Société académique du Maine » et publiée dans la *Revue de Bretagne, de Vendée et d'Anjou* (déc. 1900; janvier, mars, avril, mai et octobre 1901), sous ce titre : *Usages et droits féodaux en Bretagne.*

Le jour de Noël, le seigneur de Coislin (Loire-Inférieure) recevait de ses tenanciers du Clos-Landreau deux giroflées accompagnées d'une bécasse, deux chapons et deux robes, l'une blanche, l'autre rouge.

Il était dû, à Noël au seigneur de la Ballue en Bazouges (Ille-et-Vilaine) un « chapeau de roses ou cinq deniers », somme plus facile à trouver que les roses en hiver (1), et une caille vive.

Le vicomte d'Artois en Mordelles (Ille-et-Vilaine) avait droit à « deux sonnettes d'argent pour tiercelet, une paire de gants blancs et une bécasse après la messe de minuit de la fête de Noël ».

Certains tenanciers de Talensac (Ille-et-Vilaine) devaient au seigneur du Bois-de-Bintin, le jour de Noël, un chapon présenté au cri de : *Vive l'amour !*

La nuit de Noël, en l'église de Dourdain (Ille-et-Vilaine) le seigneur de la Normandaye recevait à son banc et dans sa chapelle prohibitive « un chapon bien cuit et lardé, un pot de vin d'Anjou et un pain blanc d'un sol »

---

(1) Je ferai respectueusement observer à M. le chanoine Guillotin de Corson qu'il s'agissait sans doute des roses de Noël ou roses de Jéricho.　　　　　　　　　　　　　　G. W.

le tout à l'issue de la messe de minuit (*Aveu de la seigneurie de la Normandaye en 1680*).

A Châteaugiron (Ille-et-Vilaine), le prieur de Sainte-Croix était tenu de présenter au baron du lieu et en son château, à chacune des quatre fêtes de Noël, Pâques, la Pentecôte et la Toussaint, « deux pots de vin d'Anjou, bon et suffisant, quatre pots de vin breton et quatre pains de froment appelés échaudés, valant chaque pain un denier ».

Le jour de Noël, le prieur de Donges (Loire-Inférieure) offrait au vicomte du lieu « entre la messe du matin et celle du jour, quatre pains paillés (¹) du prix de deux deniers chacun, et un demeau (²) de vin contenant quatre quartes, le tout présenté sur le pont de Donges ».

Le devoir du prieuré de la Trinité de Combour (Ille-et-Vilaine) envers son seigneur était assez onéreux : il consistait en « trois barriques de vin breton et trois de vin d'Anjou » dues chaque année à trois termes, plus « neuf chouesmes (pains blancs de première qualité) et neuf miches feuilletées en pain de froment, payables aux jours de Saint-Martin, Noël et Pasques » (*Aveu de la seigneurie de Combour en 1581*).

C'était sans doute en expiation de quelque méfait et en souvenir des craintes excitées dans le cœur d'un vassal coupable par l'attente d'un châtiment rigoureux, que le possesseur d'une terre noble appelée le Pin-Sauvage, en

---

(1) Dans le *Dictionnaire historique de l'ancien langage françois*, par La Curne de Sainte-Palaye, je trouve : *paillé*, qui a couleur de paille. Mais à la page suivante je lis aussi : *pain ballé*, gros pain rond semblable à un ballon. Ne serait-ce pas quatre pains ballés qu'il faudrait lire ?                                                  G. W.

(2) LA CURNE DE SAINTE-PALAYE : *Dict. hist. de l'anc. lang. fr.* : *demiaux*, mesure pour les grains, moitié (*dimidium*) du boisseau.

la paroisse de Cugand, devait fournir au baron de Clisson (Loire-Inférieure) une rente de « quatre poires d'angoisse (¹) » au terme de Noël.

Le prieur de Combour (Ille-et-Vilaine) offrait au seigneur de la Chalopinaye, à cause d'une prairie que celui-ci lui avait donnée, « à l'issue de la messe de minuit de Noël, deux boudins empannés et encornaillés des deux bouts et cirés de cire verte ».

Le seigneur de Goulaine (Loire-Inférieure) recevait, à Noël, de l'un de ses tenanciers, un gâteau d'un boisseau de froment.

Un tenancier du seigneur de Chevaigné lui offrait une paire de gants blancs, chaque année, à l'issue de la messe de minuit célébrée à Chevaigné (Ille-et-Vilaine).

A Coëtmieux, enclave de Dol, au diocèse de Saint-Brieuc, la fabrique devait fournir une poule blanche pendant la nuit de Noël aux seigneurs du Tronchais en Morieuc. A l'issue de la messe de minuit, le trésorier de la fabrique criait par trois fois : « Y a-t-il quelqu'un de la part du seigneur propriétaire du Tronchais pour prendre la poule blanche ? » Si personne ne se présentait, le seigneur n'avait pas le droit, plus tard, de réclamer la poule.

La même cérémonie avait lieu à Goudelin, au bénéfice des sires de Coëtmen ; les du Breil de Rays exerçaient

---

(1) Les *poires d'angoisse* sont des poires de mauvais goût, qui prennent à la gorge, que Ménage dit avoir ainsi été nommées d'un village, qui est en Limousin, du même nom, où elles furent trouvées en l'an 1094. *Pirum anginam premens, pirum angossiacum — Poire d'angoisse* est aussi une espèce de cadenas qui s'ouvre par un ressort et qu'on met dans la bouche d'une personne pour l'empêcher de crier au secours ou pour la forcer à donner son argent. (*Dictionnaire de Trévour*, t. 1, col. 647).

ce droit au XVIII<sup>e</sup> siècle, ayant acquis Goudelin : à cette époque le comte de Rays faisait constater que dans la nuit de Noël on lui devait un coq blanc posé sur la balustrade qui séparait le chœur de l'église de sa chapelle privative.

A l'issue de la messe de minuit, il devait être présenté au seigneur de Landal, en La Boussac (Ille-et-Vilaine) « un renard à queue blanche, deux canards sauvages vivants et deux torches pour le reconduire à son logis après qu'il aura reçu les deux canards ».

Au seigneur de Texue, en Gevezé (Ille-et-Vilaine), un vassal fournissait « deux cierges de cire blanche à la messe de minuit à Noël ». *[Aveu de la seigneurie de Texue en 1555].*

Le tison de Noël était l'objet d'un droit féodal : tantôt, comme dans la forêt de Teillay, il était dû à quelque monastère : « les forestiers du baron de Châteaubriant sont tenus de poser chaque année le tison de Noël en la cheminée de la cuisine du prieuré Saint-Malo de Teillay» (Ille-et-Vilaine.) *[Aveu de la seigneurie de Teillay en 1595]*; — tantôt certains tenanciers devaient l'apporter chez le seigneur : « la veille de Noël les hommes de Bouguenais sont tenus de fournir une charrette attelée de quatre bœufs et un homme pour la conduire, et de charroyer au manoir de Bougon (Loire-Inférieure) une pièce de bois pour servir de feu et tizon de Noël » *[Aveu de la seigneurie de Bougon en 1580]*; — tantôt, enfin, certain cérémonial était de rigueur : « chez le seigneur de la Maillardière, en Vertou (Loire-Inférieure), quelques vassaux apportent chaque année le tison et le posent dans la cheminée de la salle du manoir, en criant par trois fois : *Noël! Noël! Noël! pour Monsieur de la Maillardière!* »

« Doit le prévost d'Antrain (Ille-et-Vilaine) comparoir à la principale porte du cimetière de l'église parrochiale du dit Antrain, chaque feste de Noël, à l'issue de la messe du point du jour et y jeter une soule (¹) ou boise de la part du seigneur du Pontavice, laquelle soule sera courue par les dits paroissiens d'Antrain non nobles, et celui qui la rapportera sera quitte l'année suivante du devoir de quintaine, en la rapportant au dit seigneur ou à son procureur. » *(Aveu de la seigneurie du Pontavice en 1685.)*

Les croyances bretonnes ayant cours à l'époque de Noël sont nombreuses et remplies de saveur étrange.

On prétend dans notre province que, au moment de l'élévation de la messe de minuit, lorsque le prêtre montre aux fidèles l'hostie consacrée, l'eau des puits et des fontaines se change en vin.

Une superstition fort répandue veut que les animaux parlent pendant la nuit de la Nativité : le bœuf a

(1) M. le chanoine Guillotin de Corson fait précéder cet aveu d'une substantielle description du célèbre jeu de soule : « Certains jeux de force ou d'adresse, dit-il, étaient l'objet de devoirs féodaux. L'un des plus communs en Bretagne et l'un des plus violents était le jeu de soule. La soule était ordinairement une boule de cuir remplie de filasse, parfois, mais rarement, une boule de bois. Elle était offerte certains jours par le dernier marié de la paroisse au seigneur du lieu. Le vrai jeu de soule se faisait à l'aide de bâtons recourbés, appelés crosses ou quillards, au moyen desquels on lançait la boule de manière à l'éloigner de ceux qui étaient sur le point de l'atteindre : il s'agissait de la faire parvenir à un certain but ou de l'amener dans une certaine direction. Quelquefois au lieu de bâton on se servait simplement du pied pour diriger cette boule. La soule était lancée d'abord soit par le seigneur, soit, le plus souvent, par son sénéchal. Elle était souvent disputée par les hommes mariés et les célibataires, parfois par les habitants de deux paroisses ou de deux fiefs rivaux. »

la réputation de prédire l'avenir et de combler les lacunes des Livres Saints touchant la venue au monde du Rédempteur ; l'agneau pense à saint Jean et raconte ses jeux avec le Divin Enfant ; le coq, quand il sonne de son clairon matinal, redit la trahison de saint Pierre ; l'âne parle longtemps car il fait le récit de la fuite en Égypte ; il a entendu les conversations de Joseph, de Marie et de Jésus, ils avaient soif en traversant les grands déserts, une caravane rencontrée par eux leur refusa de l'eau, Jésus maudit ces gens cruels et depuis ces maudits parcourent le monde, sans patrie, sans asile.

Cette tradition se retrouve en Bretagne où il est généralement reçu que les bœufs ont le don de la parole dans la nuit de Noël, à l'heure fatidique de minuit ; aussi chaque paysan a bien soin de faire manger ses animaux en sa présence, afin, dit-il, qu'ils dorment tranquillement, car ce que les bœufs disent alors n'est jamais bien bon à entendre : tantôt ils se plaignent des mauvais traitements endurés dans l'année écoulée, tantôt ils annoncent les événements fâcheux qui s'accompliront au cours de celle qui commence.

En beaucoup de contrées la nuit de Noël passe pour procurer un peu de répit aux trépassés. On affirme en Bretagne que pendant la messe de minuit les flammes du purgatoire s'éteignent et que les pauvres âmes éprouvent quelque soulagement.

On disait aussi que pendant cette nuit sainte les *angoisseux du purgatoire* venaient demander des prières. Une légende dramatique est basée sur cette croyance.

Dans le temps de jadis, par une belle nuit de Noël, le vieux recteur de Ploërmel, assis devant son feu, murmurait des prières en attendant l'heure de l'office.

Soudain un bruit sec, comme il n'en avait jamais ouï, retentit à la porte du presbytère ; le prêtre court ouvrir, et grande est sa surprise quand, à la clarté de la lune, il aperçoit une longue procession s'avançant autour de son logis. Des suaires blancs cachent de la tête aux pieds ces étranges pénitents ; tous portent une torche allumée.

A cette vue le recteur tremble, un cri s'échappe de sa poitrine, il s'arme du signe de la croix ; au même instant tous les fantômes l'imitent pieusement, mais, en se signant, aucun d'eux ne montre ni mains, ni corps, ni visage.

— Que me demandez-vous ? balbutie le prêtre, à demi mort d'effroi ; pourquoi venez-vous frapper à ma porte à cette heure de la nuit et tourner autour du presbytère ?

Tous ces êtres mystérieux s'inclinent ensemble ; d'un geste ils ordonnent au pasteur de les suivre ; celui-ci obéit.

Le funèbre cortége se met en route ; un bruit lugubre, semblable au craquement d'os entrechoqués, retentit tout le long de la bande. Le recteur un peu enhardi se risque à regarder : ils sont plus de dix mille ; au premier rang sont les enfants précédés d'une croix de bois ; puis vient une double file de pénitents avec des cierges jaunes et rouges.

Après avoir marché longtemps, sombre et muette, la procession s'arrête dans une vieille chapelle en ruines. Alors au craquement lugubre des ossements succède un silence profond. Chacun fléchit le genou.

L'un des assistants monte les marches branlantes de l'autel et présente au vieux prêtre les vêtements sacerdotaux ; celui-ci les revêt et s'avance vers l'autel sur lequel il trouve un antique missel à moitié rongé par le temps, une patène et un calice en plomb.

Aux premières prières un bruit osseux ébranle le sanctuaire ; ce sont les êtres mystérieux qui se lèvent et font le signe de la croix. L'un d'eux psalmodie les répons d'une voix inconnue jusqu'alors. Le recteur absorbé par la sainteté des divins mystères ne pense plus à son étrange assemblée. Mais, au moment de la Préface, quand il se retourne pour l'*Orate, fratres,* il pense tomber d'épouvante : chacun des singuliers personnages a dépouillé son suaire et montre dans toute sa hideuse nudité les ossements décharnés d'un squelette ; tous sont à genoux.

Le pasteur continue sa messe. Lors de la Consécration, comme il prononce les paroles solennelles, un chœur de voix harmonieuses retentit autour de lui ; les squelettes se transforment en figures éblouissantes ; un concert de bénédictions s'élève des ruines qui brillent d'un reflet fulgurant.

Quand le prêtre se retourne pour l'*Ite, missa est,* la chapelle est vide. Une longue trainée lumineuse qui fuit du temple abandonné vers le ciel lui indique la route du Paradis que suivent en chantant ses pénitents mystérieux.

C'est une troupe d'*angoisseux du purgatoire* que le recteur de Ploërmel vient de délivrer.

Une autre légende de Noël, d'une couleur moins macabre, est celle des cloches du lac de Grand-Lieu. La tradition place l'engloutissement d'Herbauge au jour de la Nativité de l'an de grâce 555. On raconte dans le pays que, tous les ans, pendant la nuit de Noël, on entend sonner au milieu du lac les cloches de la cité maudite. Un savant, — que les savants sont donc désagréables dans le domaine légendaire ! M. Thomas de Saint-Mars, voulut un jour avoir le cœur net de la mirifique histoire du carillon nocturne. A cet effet, il se rendit à 11 heures du soir, dans la nuit de Noël de 1780, sur les bords du lac. « Une demi-heure après mon arrivée, dit-il, j'entendis très distinctement le son des cloches. Ce son paraissait, comme on me l'avait dit, sortir du lac. Je cherchai, en prenant différentes positions, à détruire cette illusion d'acoustique, et je réussis à me convaincre que ce son n'était autre que celui des cloches de la cathédrale de Nantes qui, dans le silence de la nuit, traversait les airs, sans obstacle, au-dessus du lac. Je fis part de ma découverte que j'ai eu depuis, plusieurs fois, l'occasion de confirmer, non seulement dans la nuit de Noël, mais tous les jours de grandes fêtes. »

Cette dernière phrase ne laisse aucun doute sur la cause naturelle de la sonnerie lacustre. Mais les légendes ont bon dos. Au surplus, ne sont-elles pas le trésor du peuple ? Donc, foin des érudits qui veulent tout expliquer et vivent à jamais les mystères poétiques et les contes de fées !

# Le premier jour de l'An

La cueillette du gui est la première chose qui sollicite notre attention au sujet du Jour de l'An. C'était surtout au sein des forêts que s'accomplissaient les sacrifices et les rites mystérieux de la religion druidique. *Arbor numen habet* (l'arbre a de la divinité), a dit Silius Italicus. Le chêne en particulier, qui, dans le blason, est le symbole de la force morale, de l'amour de la Patrie, de la puissance, le chêne était *l'arbre sacré* chez les peuples occidentaux et tout spécialement en Armorique, où la vénération dont il est encore entouré de nos jours est un vestige typique de ce culte séculaire. Les grandes assemblées rituelles des druides se tenaient dans un lieu appelé *meadhon*, *nimida* ou *drynemeton*, vulgairement une *chênaie* ou une *nouée*.

Le grand sacrifice du *gui de l'an neuf* s'accomplissait avec beaucoup de rites pittoresques près de Chartres, dans la nuit de la sixième lune, dite *nuit mère*, qui était le commencement de l'année gauloise (¹).

Faut-il voir dans le vieux cri : *Au gui l'an neuf* l'origine des expressions : *éguinané*, *haguignettes*, *guillenheus*, *aguilanleu*, *hoguignettes*, etc., etc., qui, depuis un temps immémorial, servent à désigner les étrennes

(1) Lire la curieuse description de cette fête par DE CHINIAC DE LA BASTIDE : *Mémoire sur la nature et les dogmes de la religion gauloise* (Collection Leber, t. III, pp. 21-23).

dans le langage populaire en presque toutes nos provinces, et d'une façon remarquable dans les contrées où la religion druidique a été le plus en honneur, comme l'Autunois, le pays de Dreux et la Bretagne?

Pour ma part, après avoir pesé les arguments pour et contre des nombreux érudits qui ont discuté ce problème, je me prononce pour l'affirmative. Mais ce n'est point ici le lieu de développer les pièces du procès et je me contenterai d'en rapporter la partie bretonne.

Dom Le Pelletier, dans *éguinané*, voit : *eghin-an-eil* (le blé germe), c'est-à-dire une allusion à la divinité de Jésus-Christ et au chant qui se dit dans les jours de l'Avent : *aperiatur terra et germinet Salvatorem*. Le savant Bénédictin rapporte que, le dernier jour de l'année, les jeunes garçons de la campagne allaient de maison en maison chanter des cantiques et crier après, par trois fois : *Ma eghinat,* qui, par abréviation, se sera transformé en *eghin-an-eil,* et qui signifie : des étrennes.

Le Gonidec, dans son *Dictionnaire*, a mis le mot : *eginad,* étrennes. Mais il déclare ne le connaître que par Dom Le Pelletier, qui assure, lui, qu'il est employé dans le Léon, où les jeunes garçons vont par les villages, les derniers jours de l'année, en criant : *Va eginad,* mes étrennes.

M. de la Villemarqué ne peut dans cette syllabe *gui* voir rien de commun avec le gui sacré des Celtes.

M. P. Le Guen fait venir *éguinané* du mot *gwic, guic, gui,* depuis longtemps tombé en désuétude et qui signifiait bourg, village, et de cet autre mot, du dialecte de Vannes, *nanneck* ou *nannet,* qui veut dire affamé. Il fait remarquer que cette traduction s'applique à merveille aux détails de la cérémonie que je rapporterai un peu plus bas et dont les pauvres de l'hôpital sont le but principal.

Un autre étymologiste voit dans le cri traditionnel : *an-gwin-an-ed*, du vin et du blé.

Emile Souvestre, tout en adoptant avec Dom Le Pelletier que *éguinané* vient de *eghin-an-eit*, admet, avec Cambry, qu'il y a dans cette coutume une tradition du culte rendu au soleil par les Gaulois.

Quoi qu'il en soit de la question étymologique, la coutume de la quête de la *guillaneu* dans notre province est une des plus vivaces et vaut qu'on en dise quelques mots.

Aux approches de Noël, dans la Basse-Bretagne, principalement dans les montagnes d'Arez et les Montagnes Noires, de pauvres gens, précédés d'un vieux cheval tout enrubanné, s'en vont de village en village pour chercher leurs étrennes. Ils s'arrêtent devant chaque demeure aisée et l'un d'eux suscite l'attention des propriétaires en entonnant à pleine voix une longue ballade dont chaque couplet se termine invariablement par le vieux cri poussé en chœur : *Eguinané !* La réplique est donnée par l'un des habitants : c'est d'abord un refus formel ; puis il énumère les obstacles qui se présentent contre un meilleur vouloir ; ensuite, ce sont des énigmes à deviner. Enfin, quand le maître du logis estime que la lutte oratoire a suffisamment duré, il ouvre la porte et l'entrevue se termine à la satisfaction des quêteurs, qui reçoivent ample provision de lard, de seigle et d'avoine. Le vieux cheval courbe sous le poids et les mendiants, après avoir demandé au Ciel de bénir ce logis hospitalier, se retirent en criant à tue-tête : *Eguinané ! Eguinané !*

Cambry, qui visita le Finistère à la fin du XVIII⁰ siècle, raconte que la municipalité de Lesneven allait de porte en porte quêter pour les pauvres au cri de *gui-*

*na-né*, et que la même cérémonie se pratiquait à Landerneau, au cri de : *Au gui l'an neuf.*

Cette quête de Landerneau, M. P. Le Guen l'a vu faire dans son enfance et voici comment il la décrit :

« Assez longtemps à l'avance, les familles désireuses d'y faire participer leurs garçons de 8 à 10 ans demandaient pour eux des boîtes à l'administration de l'hôpital : ces boîtes étaient des tirelires en fer-blanc destinées à recueillir les aumônes. Le zèle des jeunes quêteurs était excité et récompensé par une collation qu'on leur donnait à l'hôpital le soir de la quête, avec une grande abondance de gâteaux. Le dernier samedi de l'année, un cortège, où figuraient les autorités municipales en costume officiel ainsi que les administrateurs de l'hôpital et des notables en habit noir, parcourait la ville en quêtant.

» Des tambours ouvraient la marche ; puis venaient deux chevaux portant des mannequins où l'on plaçait les dons en comestibles, tandis que la monnaie était mise sur les plateaux d'argent des notables ou dans les tirelires des enfants. Il s'y trouvait aussi des pauvres de l'hôpital : à l'un d'eux était réservé un principal rôle. Travesti en une espèce de massier, il tenait à la main un bâton à l'extrémité duquel flottait une touffe de rubans de diverses couleurs. C'était lui qui donnait le signal de l'exclamation énigmatique quand le cortège s'arrêtait pour recevoir les présents offerts. L'un des sergents de ville élevait en l'air pour le montrer au public l'objet donné, les tambours exécutaient un roulement et le massier, auquel la foule faisait *chorus*, s'écriait plusieurs fois : *languinanné!* en agitant majestueusement son bâton. »

Pour terminer cette longue description des étrennes

bretonnes, je ne saurais mieux faire que de transcrire
ici la délicieuse complainte de M. Pradère (¹), au savant
et poétique ouvrage duquel j'ai emprunté une notable
partie de la discussion étymologique sur la *guillaneu* :

(Du dehors)
Au nom de la Trinité sainte,
Dieu vous bénisse en la maison !
Répondez à notre complainte,
Si rude, hélas ! est la saison !
Après Noël germent les graines :
Voici l'an bientôt terminé.
Riches, donnez-nous des étrennes.
              Eguinané !

(De la maison)
— Trop tôt vous heurtez à la porte :
Le porc n'est pas encor tué.
(Du dehors)
— Eh ! nous vous prêterons main-forte,
Notre bras est habitué.
Nous le chasserons de son bouge
Malgré ses cris de forcené,
Malgré ses cris de diable rouge.
              Eguinané !

(De la maison)
— Dehors mon chien de Cornouaille
Dort ; tuez-le, méchants bouchers.
(Du dehors)
— Si nous reposons sur la paille,
Nous ne sommes pas meurtriers.
Pour de vils malfaiteurs, sans doute,
Vous nous prenez : c'est grand péché.
Nous quêtons le long de la route.
              Eguinané !

(1) O. Pradère : *La Bretagne poétique* : Paris, librairie générale.
1872.

(De la maison)
— Si vous êtes ce que vous dites,
De braves gens, des étrenneurs,
Où donc sont vos gais acolytes,
Les ménétriers, les sonneurs (¹) ?

(Du dehors)
— Au milieu de la fougeraie
Le sac du biniou s'est crevé,
En sautant par dessus la haie.
    Eguïnané !


(De la maison)
— Je ne puis trouver mon échelle,
Toute ma viande est au grenier.

(Du dehors)
— Bon chat sait bien se passer d'elle,
Et prend souris sans tant crier.

(De la maison)
— A Saint-Divy (²), la ménagère
Doit être à faire son marché.

(Du dehors)
— Bien garnie est votre étagère.
    Eguïnané !


(De la maison)
— Tout est là-haut dans son armoire,
Elle a la clef, point ne vous mens.

(Du dehors)
— Nous sentons bien, veuillez nous croire,
L'odeur du lard et du froment.
Mais ouvrez-nous, ouvrez-nous vite :
Noire est la nuit, le vent glacé.
Réchauffez-nous dans votre gite.
    Eguïnané !


(1) C'est-à-dire les joueurs de biniou.
(2) Commune du canton de Landerneau.

(De la maison)
— Etrenneurs, je vous le répète,
A vous donner je n'ai rien... rien...
Pourtant avant votre défaite,
Là, parlons peu, mais parlons bien.
Avant d'entrer dans ma demeure
Débrouillez-nous ce nœud donné...

(Du dehors)
— Nous sommes disposés sur l'heure.
          Eguinané !


(De la maison)
— Dites-moi, voyons, sans bévue :
Qui porte la chair sur sa peau ?
          (Du dehors)
— Le vieux guéret, quand la charrue
L'a retourné tout de nouveau.
          (De la maison)
— Qui, dans les yeux avec des larmes,
Se voit quand il a bruiné ?
          (Du dehors)
— Le grand chemin bordé de charmes.
          Eguinané !


(De la maison)
— Dites-moi quelle est la maîtresse
Qui devient la servante un jour.
Et voit tomber, avec tristesse,
Ses fleurs, ses perles tour à tour ?

          (Du dehors)
— Allons, donnez-nous votre aumône,
Depuis longtemps c'est deviné :
C'est un balai de genêt jaune.
          Eguinané !


(De la maison)
— Je connais un arbre qui penche
Vers le sol ses grands rameaux verts :

Un petit nid sur chaque branche,
Et d'œufs tous les nids bien couverts...

    (Du dehors)
— Ah ! ça, de nous vous voulez rire ?
Un chêne de glands tout chargé
Est l'arbre que vous voulez dire.
        Eguinané !


    (De la maison)
— Je possède couverte en chaume,
Et pas bien grande, une maison.
C'est pourtant un petit royaume,
Là-dedans du monde à foison.
Plus de mille chambres pareilles,
Pas un coin n'est abandonné...

    (Du dehors)
— C'est la ruche de vos abeilles.
        Eguinané !


    (De la maison)
— Vous n'aurez ni froment, ni viande,
Si vous n'apportez l'herbe d'or.
    (Du dehors)

— Au temps des moissons, tous en bande,
Nous vous porterons ce trésor.

    (De la maison)
— Attendez ! Je vais faire en sorte
De trouver du petit salé...
Dans un instant j'ouvre la porte.
    (Du dehors)
        — Eguinané !


    (De la maison)
— Attention, fils de sorcière,
Attention, j'ouvre... cric-crac !...
Approchez-vous de la fermière,
Tendez-moi bien votre bissac.

Tenez, voici de saint Antoine
Un compagnon bien saumuré ;
Voici du seigle et de l'avoine.

(Du dehors)
— Eguinané !


— Nous avons reçu notre étrenne,
Nous sommes riches pour longtemps.
Que tout le pays sache, apprenne
Qu'il est encor de bonnes gens.
Sous le faix notre cheval ploie.
Pour nous c'est un jour fortuné.
Poussons ensemble un cri de joie.
Eguinané !


Un cri pour toute la famille,
Un cri pour le père à présent.
Un autre pour la jeune fille.
Un pour la mère, un pour l'enfant.
A vos filles, bons mariages !
A vos garçons, bonne santé !
Et pour vos bœufs, gras pâturages !
Eguinané !


Ayez, à la moisson prochaine,
Bonne récolte de millet :
En mai la fleur, en juin la graine,
La blanche galette en juillet.
Nous allons prier les saints anges
Pour que vous ayez de beau blé,
Du sarrazin tout plein vos granges.
Eguinané !


Je signalerai quelques redevances féodales dues en
Bretagne à l'occasion du commencement de l'année.

Le prévôt de Vertou (Loire-Inférieure) envoyait, le
premier jour de l'an, cinq échaudés à l'évêque de

Nantes ; les dignitaires du Chapitre en recevaient trois ; chacun des chanoines avait droit à deux.

Le sire de Quélen avait le droit de se faire servir à dîner, à lui et à vingt-quatre chevaliers, par le voyer de Carhaix, au mois de janvier. Voici comment on s'acquittait de ces étrennes culinaires. Le dîner doit être préparé dans une belle salle où il y aura belle cheminée et beau feu de charbon sans fumée, et doit être ladite salle jonchée de paille fraîche. A l'entrée doit se tenir le voyer de Carhaix, ayant en main une torche de cire allumée, pour recevoir ses hôtes et les conduire dans la salle ; il leur donne à laver et leur présente de « blancs touaillons » (¹), toujours tenant sa torche. Sur la table, couverte de blancs touaillons, un hanap d'argent est à la place de chaque convive et de deux en deux brûle une double chandelle de cire. Un pot de vin de Carhaix est servi pour deux chevaliers. Les hôtes sont servis deux par deux. Devant chaque couple est une large écuelle de frêne remplie, au premier service, d'un fort morceau de chair de porc salé, avec un chapon ou une geline, et des choux, des naveaux et de la moutarde ; voilà le bouilli. Puis vient le ragout, composé de chair fraîche de porc à la sauce verte. Le rôti, c'est un chapon ou une geline suffisamment lardée et rôtie. Un fromage à la crème forme le dessert. A la fin du repas, le voyer donne encore à laver au sire de Quélen et il reconduit ses nobles convives jusqu'à la rue, avec sa torche allumée.

Le seigneur de la Chèze en Plélan (Ille-et-Vilaine) exigeait du sieur de la Prévostaye, le premier jour de

---

(1) *Touaille, touaillon*, serviette (BOREL : *Dict. des termes du vieux françois*).

l'an, « un arc de couldre blanche encordé et douze sagettes (fléches) non ferrées, mais empannées et cirées de cire verte ».

Les potiers de Plénée-Jugon et de Tramain, dans les Côtes-du-Nord, se rendaient, à la même date, au manoir de la Villeneuve et présentaient au seigneur un *chef-d'œuvre de leurs mains et métier*, à peine de 15 sous d'amende.

Le seigneur de Rochefort-en-Terre (Morbihan) possé-pait un droit assez singulier, rapporté par M. le chanoine Guillotin de Corson : « Un debvoir deub audict sire de Rochefort, le premier jour de janvier en chacun an, qui est que le dict Duc d'Amour (Guillaume Pasquier) est tenu aller par les maisons de la dicte ville et fors bourgs de Rochefort, et illecques chercher fillaces, scavoir lins et chanvres, qui ne sont bréez ou abillez, et les apporter à la cohue et en faire feu. On doibt se trouver la derroine fille ou femme mariée audict an, et la doibt aller quérir le dict Duc d'Amour jusqu'à sa maison et l'amener au dict lieu de la cohue, quelle mariée dira une chanson nouvelle. » (*Aveu de la baronnie de Rochefort en 1554.*) Ce brûlis des lins et chanvres non employés avait pour but de stimuler le zèle des travailleurs au cours de l'année.

Le marquis d'Assérac (Loire-Inférieure) jetait une soule aux habitants d'Herbignac, le premier jour de l'an. (*Aveu du marquisat d'Assérac en 1681.*)

On sait combien est tenace en notre province le culte des fontaines. Voici une citation qui offre un exemple piquant de cette superstition populaire. « A Noël, en de certaines provinces, au jour de l'an en quelques autres, l'usage était de rendre aux fontaines une sorte d'hommage augural. En Bretagne, on leur offrait des

bouquets de fleurs et de fruits pour les engager à rester
claires toute l'année » (1).

Nos compatriotes ont l'affection solide, mais ils ne la
donnent qu'à bon escient et se méfient des protestations
amicales du premier venu. C'est ce que Desforges-
Maillard, le spirituel Croisicais, exprimait en ces termes
mordants : « J'étois ici (à Nantes), dit-il, le premier de
l'an ; je restoi tapi tout le jour dans mon auberge, pour
éviter les importuns et faux compliments dont on
s'assomme par usage. Un homme que vous n'avez vu
qu'une seule fois vous saute au cou et vous étouffe de
caresses ; cela est ridicule, peu s'en faut que je ne dise
*détestable, du dernier détestable !* Tout le monde paroit
ami ce jour-là, pendant qu'un véritable ami est une
chose si rare que si M. Titon du Tillet ne m'aimait pas,
je pourrois dire, comme beaucoup d'autres : *Et ce phénix
est encore à trouver* » (2).

Si, au pays nantais, on fuyait les embrassades du jour
de l'an, au pays rennais on se refusait à sacrifier à
l'antique et indéracinable coutume des étrennes, du
moins s'il faut en croire le méchant quatrain par lequel
je termine ce chapitre :

> Ci-gît dessous ce marbre blanc
> Le plus avare homme de Rennes.
> Qui trépassa le dernier jour de l'an
> De peur de donner des étrennes.

(1) E. MULLER : *Le jour de l'an et les étrennes.* p. 500.
(2) *Œuvres nouvelles.* t. II, *lettres nouvelles.* p. 57.

# L'Epiphanie

La Nativité du Rédempteur, avons-nous dit, fut jadis célébrée et popularisée par des représentations. La fête charmante de l'Epiphanie ne lui cède en rien sous ce rapport. Les *Trois Rois* furent le sujet de rites figurés, de scènes dramatiques et de pantomimes qui se continuèrent, dans l'intérieur des églises ou sur les places publiques, presque parallèlement, depuis le XI<sup>e</sup> siècle jusqu'à nos jours. Ce chapitre de liturgie offre plus d'un trait extrêmement suggestif, mais j'entends me confiner en notre province et je me contenterai de reproduire une étude publiée jadis dans un savant périodique nantais.

« Je veux vous parler d'une représentation bien modeste qui, tous les ans, égaye les rues de Vannes à l'époque des fêtes de Noël et rappelle les anciens mystères.

» Quelques heures après que la nuit a plongé dans l'obscurité les rues silencieuses de l'ancienne cité des Vénètes, à l'instant où la famille est réunie autour du foyer, on entend soudain un bruit de ferraille, de sonnettes et de grelots : ce sont les Rois et leur bruyant cortège.

» Si vous êtes curieux, ouvrez la fenêtre, appelez les illustres monarques qui passent : ces puissants seigneurs ne se feront pas prier pour entrer et vous aurez un spectacle fort divertissant. Préparez à la hâte des chaises en rond, un ou deux paravents si vous en possédez.

» La porte s'ouvre, et viennent défiler devant vous les personnages de la comédie : la Sainte Vierge et saint Joseph, le roi Hérode, les Rois Mages, l'archange saint Michel et le Démon. Ils vous saluent par ce souhait pieux et fraternel :

> Le Dieu des dieux en Trinité
> Sauve et garde la compagnie !
> Tous ceux qui sont ici présents,
> Dieu leur donne bonne vie !

» Les personnages sont représentés par de jeunes paysans bretons qui ont endossé leurs habits du dimanche; ils se couvrent le chef, qui d'une couronne de carton doré, qui d'un vieux casque ou d'un vieux schako; un grand sabre leur bat dans les jambes. Le rôle de la Sainte Vierge est rempli par le plus jeune de la bande, qui se contente de s'affubler d'une serviette retombant sur ses épaules. Le rôle du Démon n'est pas écrit; c'est le plus comique et le plus spirituel de la troupe qui en est chargé ; il le fait lui-même, toutes ses plaisanteries sont de son crû ; il est chargé d'amuser la société par ses saillies, ses bonds et ses gambades. Son costume est fait d'une peau de bouc, il a sur la tête les cornes traditionnelles ; autour du corps, des chaînes et des grelots.

» Maintenant que les personnages sont dépeints, passons à la pièce. L'ouvrage est en vers, et quels vers ! de quelle époque est-il? je n'ai trouvé aucune date. Ce doit être assez vieux, mais il a été rafraîchi et remis en français à peu près actuel.

» La Vierge demande au maître de la maison la permission de jouer la pièce. Hérode paraît en scène ; il est bouffi d'orgueil et raconte à son écuyer des paroles aussi superbes que les suivantes :

> Je suis le roi Hérode nommé
> Qui de ce pays suis le seigneur ;
> Ainsi je veux être appelé
> Et veux que l'on me fasse honneur.
> Qu'en dites-vous, mon écuyer ?
> Ne suis-je pas roi couronné,
> Le plus beau, le plus puissant homme
> Qui soit dessous le *Domine ?*

» L'écuyer, en bon courtisan, renchérit encore et donne de fastueux éloges à son maître.

» Puis le roi Hérode se démène comme un possédé dans tous ses états : il apprend qu'il vient de naitre un enfant qui doit être le Sauveur du monde et son écuyer lui annonce l'arrivée des Mages. Il veut les voir. L'écuyer se tourne vers eux pour remplir ce message. Les trois rois saluent Hérode, puis ils le quittent et se rendent près de l'Enfant Jésus pour l'adorer et lui porter leurs présents. Ils déclinent leur titres et qualités. La Vierge les remercie.

» Le roi Hérode commande alors le massacre des innocents ; il entre en fureur, donne des coups de sabre par ci, par là, et fait tant de tapage que le Diable vient le chercher. Mais saint Michel survient, annonce qu'il descend aux Limbes pour avertir les saints Pères de la naissance du Sauveur et pour enchaîner Satan au plus profond des enfers.

» En cet endroit, le livret dit : Derrière une tapisserie on cache quatre ou cinq personnes, habillées en démons, de pantalons noirs, lesquelles jettent feu et fumée, tenant chacune un flambeau allumé et faisant de grands cris et hurlements, courant sur le théâtre, sortant par un côté et rentrant par un autre plusieurs fois ; l'Archange les poursuit, l'épée à la main.

» Saint Michel reparait, tenant Lucifer enchaîné ; il lui fait un magnifique discours, mais Lucifer se révolte, il se sauve au milieu des huées générales ; il a bien gagné son argent.

» La pièce se termine par un noël chanté en chœur » [1].

Le marquis d'Assérac (Loire-Inférieure) jetait une soule aux habitants d'Herbignac, à la fête des Rois. *(Aveu du marquisat d'Assérac en 1681).*

À Rochefort-en-Terre (Morbihan) le dernier marié de l'année apportait la soule au seigneur de Rochefort à la fête de l'Epiphanie. *(Aveu de la seigneurie de Rochefort en 1554).*

En 1775, le seigneur de Cherville en Moigné (Ille-et-Vilaine) recevait, à la fête des Rois, en son église paroissiale un cierge d'une demi-livre, en place « de la soule qu'on avoit coustume de temps immémorial de présenter à ses prédécesseurs ».

La savoureuse coutume du gâteau des Rois est archiséculaire. Aussi ne s'étonnera-t-on pas d'apprendre qu'un tenancier du seigneur de Goulaine lui devait, à la fête de l'Epiphanie, deux gâteaux d'un boisseau de froment chacun.

(1) LE LIÈVRE DE LA MORINIÈRE : *Les Rois à Vannes ; représentation bretonne (Bulletin de la Société archéologique de Nantes, t. II. pp. 57-63).*

# Le Carême

La joyeuse triade de Noël, du Jour de l'An et de l'Epiphanie donne au cœur une telle expansion, illumine l'âme d'un si chaud rayonnement que, par une pente trop naturelle, la gaieté religieuse se métamorphose en liesse païenne. Durant de longs jours les plaisirs s'enchaînent aux plaisirs, pour se résoudre en ces débordements du Carnaval, en cette explosion délirante des jours gras où festins, danses, mascarades entraînent les plus moroses dans leur contagieuse excitation.

Alors l'Eglise, mère bonne et intelligente, qui a laissé la bride sur le cou à ses enfants, mais ne veut pas la mort du pécheur, l'Eglise, par un de ces coups de théâtre dont elle a le secret, ramène soudain ses ouailles chéries dans la voie du salut. En quelques heures tout change : aux refrains avinés de la rue succèdent les hymnes pieuses des sanctuaires ; les éclats cacophoniques des fanfares sont remplacés par les suaves mélodies de l'orgue ; à l'*Evohé!* grivois des saturnales répond le macabre *Memento homo quia pulvis es* ; sur les fronts hier encore enduits de parfums et couronnés de roses le prêtre verse la cendre symbolique ; le Carême détrône le Carnaval ; les semaines de frairie sont compensées par la Sainte Quarantaine ; aux pimpants devis des bals se substituent les paroles graves de la chaire ; aux gala pantagruéliques, les abstinences et les jeûnes ; aux idées folâtres, les pensées austères sur les fins dernières de l'homme.

« Dans l'*Ordinaire des rits*, rédigé en 1263 par Elie, chantre dignité de la cathédrale de Nantes, on voit que, le Mercredi des Cendres, on portait des cierges allumés à la procession en signe de l'épée flamboyante avec laquelle un chérubin défend l'approche du fruit de vie du paradis terrestre » [1].

La veille au soir du dimanche des Rameaux, on allume des feux de joie à la Madeleine, près de Guérande, et dans les villages environnants.

C'était le dimanche des Rameaux que le sergent bailliager de la Vieille-Ville, en la châtellenie de Jugon (Côtes-du-Nord) devait, l'année où il faisait la cueillette, présenter au grand autel de l'église de Plénée-Jugon un *chapeau de prime-terre* et accompagner la procession en portant cette couronne et en ayant soin de marcher le le plus près possible du recteur.

Dans cette même paroisse de Plénée-Jugon, le propriétaire d'une maison et d'un jardin sis *contre le portail du vieux manoir*, qui était lui-même devant l'église, devait au seigneur des Clos, le jour de Pâques-Fleuries, un bouquet des fleurs les plus nouvelles, qu'il lui offrait à son banc à l'église avec 20 sous monnaie.

Quelques croyances bretonnes se rattachent à la fête des Rameaux.

Chacun tient à la main une branche de laurier en suivant le procession ; les anciens du pays regardent alors avec soin d'où souffle le vent, persuadés que pendant les deux tiers de l'année il continuera à souffler de ce côté.

(1) TRAVERS: *Histoire civile, politique et religieuse de la ville et du comté de Nantes*. t. I. p. 372.

Ce pronostic, suivant eux, est basé sur une longue expérience et ils en tirent un présage pour l'avenir de leurs récoltes. L'un de mes amis, qui passa les vacances de Pâques de 1901 à la Baule, ayant demandé à un vieil habitant du Pouliguen si l'affreux temps qui désolait grands et petits allait continuer : « Certainement, Monsieur, répondit celui-ci, car le jour des Rameaux le vent était bas ; tout l'été sera vilain. » Cette croyance, on le voit, subsiste toujours en notre contrée.

Si une mère bretonne ne voyait plus le buis bénit de Pâques-Fleuries suspendu au chevet de sa fille, elle tremblerait pour elle. On dit aussi que parfois elle glisse des brins ou des feuilles de buis bénit dans le berceau du nouveau-né.

La célébration liturgique de la Semaine Sainte offre le plus pittoresque caractère, et je ne saurais trop engager ceux qui, jouissant de loisirs et mûs par la foi, se rendent dans les églises en ces jours de deuil à suivre minutieusement dans une *Quinzaine de Pâques* les longues cérémonies du jeudi, du vendredi et du samedi.

« Dans *l'Ordinaire des rits* rédigé en 1263, par Elie, chantre dignité de la cathédrale de Nantes, on voit qu'à l'office des trois jours des Ténèbres on allumait seulement 13 cierges [1], et qu'il était libre le jour du Vendredi Saint et le lendemain de communier avec les hosties qu'on avait réservées du jeudi, parce que le Vendredi et le Samedi Saints on ne consacrait point. Cette dernière pratique de communier le Vendredi Saint subsistait encore l'an 1482 » [2].

[1] Sur le nombre des cierges allumés pour les cérémonies des Ténèbres, on lira avec fruit : Abbé DUFOUX : *Les fêtes chrétiennes*, pp. 172-173.

[2] TRAVERS : *Histoire civile, politique et religieuse de la ville et du comté de Nantes*, t. I, pp. 372-373.

La façon pieuse et gaie dont le Jeudi Saint est solennisé à Nantes mérite certes une mention spéciale, d'autant que c'est une véritable tradition, comme en témoignent ces lignes :

« 20 *germinal,* an VIII (10 avril 1800). Jour du Jeudi Saint. Beau reposoir à Saint-Nicolas, visité par beaucoup de monde. Jésus portant sa croix (¹). »

Pour la *visite des tombeaux,* toute notre population se repose et s'endimanche ; les familles au grand complet parcourent les rues d'un air joyeux et entrent dans nos sanctuaires, non sans avoir déposé leur obole dans les plateaux tintinnabulants des frétillantes quêteuses, — pour admirer les splendides reposoirs ; les enfants baisent pieusement le crucifix, les mères prient ; les pères, même les plus indifférents, se tiennent respectueux et émus devant ce touchant spectacle.

J'ai dit la visite des tombeaux. Hélas ! ce qui était vrai naguère, ce que j'ai connu toute mon enfance, n'existe plus ; on dressait alors dans les églises de véritables tombeaux avec un Christ de grandeur naturelle, des draperies de deuil, tout un appareil lugubre qui frappait vivement l'imagination et s'harmonisait à miracle avec le drame poignant du Golgotha. On a changé ces errements et les reposoirs du Jeudi Saint offrent un aspect de fête qui cadre mal avec les pensés de ces jours de tristesse. Je me garderai bien de discuter les motifs de cette transformation, mais j'ai le droit de la déplorer. Au surplus j'ai l'honneur de me rencontrer sur ce terrain avec un écrivain dont on ne discutera ni l'orthodoxie ni la haute intelligence.

« Quand toutes les prières ont été dites sur les saintes

<hr>

(1) *Journal de Transon.*

huiles, l'hostie consacrée pour le lendemain est portée sous le dais, en grande pompe, à la chapelle du *tombeau*. Dans quelques pays (et selon nous ce sont ceux qui comprennent le mieux la solennité du Jeudi Saint) cette chapelle est toute tendue de velours noir à lugubres bordures rouges ; quelques lampes funéraires répandent une lumière triste sous les draperies du sépulcre. Dans d'autres villes, l'aspect de l'autel du Jeudi et du Vendredi Saints est tout différent ; au lieu d'être drapé de deuil, il est recouvert des tentures les plus éclatantes ; toutes les fleurs de la saison émaillent le *Paradis,* car c'est ainsi que les enfants appellent le reposoir. Ici rien de triste, rien de lugubre ; on dirait que les prêtres qui ont ainsi conçu le décor de leur autel n'ont pas voulu s'attrister de la mort du Christ parce que cette mort a sauvé le monde. Aujourd'hui surtout que l'on aime à donner à tout son aspect historique et véritable, ne serait-il pas très facile que chaque église arrangeât, le Jeudi et le Vendredi Saints, une de ses chapelles sur le modèle exact du saint sépulcre de Jérusalem, tel qu'il est encore aujourd'hui. Quelques marguilliers seraient peut-être contristés, car alors ils ne pourraient plus déployer chaque année les trésors de leur imagination. Mais je me persuade que l'on parviendrait à se consoler de leur tristesse si le peuple chrétien apprenait à connaître le lieu le plus sacré qui soit sur notre globe (1). »

Une jolie coutume nantaise est celle des *petits paradis :* des enfants du peuple placent de loin en loin dans la rue une modeste chaise de bois garnie d'une serviette d'une éclatante blancheur ; sur ce minuscule

_______

(1) V^te WALSH : *Tableau poétique des fêtes chrétiennes,* pp. 142-143, 163, 164-165.

reposoir se dresse un crucifix : à la serviette sont épinglées quelques images pieuses aux couleurs criardes ; enfin, détail capital, une coquille est prête à recevoir les sous des passants dont la charité est sollicitée par la voix claire des naïfs architectes. Qui donc refuserait cette obole ? N'est-il pas dans l'ordre qu'au grand jour de la Résurrection pauvres et riches aient leur part de joie, n'est-il pas juste que les petits ouvriers du Jeudi Saint croquent leurs œufs de Pâques et chantent *Alleluia ?*

Enfin ce que je dois signaler pour les historiographes de l'avenir, c'est la splendeur princière des étalages nantais le Jeudi Saint. Certes nos commerçants savent préparer, à l'époque fructueuse des étrennes, des vitrines étourdissantes de luxe et de couleur ; mais, le Jeudi Saint, elles sont encore plus remarquables. Les décrire nous mènerait trop loin, et d'ailleurs, chaque année les journaux s'en chargent avec usure. Je dirai seulement que le côté le plus pittoresque de cet usage réside dans les boucheries et les charcuteries qui nous condamnent au supplice de Tantale, en exposant à nos regards des bœufs gigantesques et des porcs rebondis, converts de fleurs comme le dieu Apis.

Si, comme je le déplorais tout à l'heure, nos sanctuaires ne présentent plus, le Jeudi Saint, l'aspect lugubre de jadis, par contre notre chère Bretagne s'est enrichie récemment d'une représentation figurée de la Passion, qui a le double mérite d'être copiée scrupuleusement sur les Lieux Saints et d'offrir le caractère de la perennité : je veux parler du Calvaire de Pontchâteau.

J'ai décrit naguère (1) l'œuvre colossale entreprise

(1) *Jérusalem en Bretagne, Visite au calvaire du Père Montfort* par un Pèlerin breton ; Vannes, Lafolye, 1895.

par le R. P. Barré ; depuis lors le vaillant Religieux a eu la douce satisfaction de voir ses vastes projets presque entièrement réalisés : les innombrables pèlerinages qui sillonnent la lande de la Madeleine, les cérémonies solennelles présidées par les princes de l'Eglise ont été la récompense d'efforts surhumains. L'on peut dire aujourd'hui que nous possédons dans le pays nantais un pèlerinage unique au monde, où l'on peut revivre pas à pas, heure par heure, le drame douloureux et éternellement sublime du Calvaire.

Me sera-t-il permis, après ces figurations toutes mystiques, de rappeler que, pendant la foire de la place Bretagne, à Nantes, en 1892-93, M. Melchior Bonnefois offrit à une foule sans cesse renouvelée une représentation, vraiment digne des plus vifs éloges, de *La Passion de Notre-Seigneur Jésus-Christ*.

Enfin l'un des membres les plus distingués et les plus sympathiques du clergé du diocèse de Nantes a mis tout son cœur de prêtre, toute son âme d'artiste, tout son talent d'écrivain, toute sa science d'archéologue, toute son expérience de voyageur à réaliser une œuvre magnifique. La vaste salle de ce collège Saint-Stanislas, où depuis tant d'années les chers abbés Soreau cultivent et font aimer les arts, s'est remplie plusieurs fois, en décembre 1901, d'une foule compacte avide de voir se dérouler sous ses yeux les actes principaux de *La Passion*.

Analyser un spectacle dont la durée dépassait quatre heures serait ici hors de propos. Je rappellerai seulement que : *Le prix du crime*, peinture toujours exacte de la conscience qui vacille et s'effondre en face d'un sac d'écus ; *La Sainte Cène*, admirable reconstitution du récit évangélique ; — *La mort du traître*, sombre et angoissant monologue ; — *Le procès civil*, où la foule grouillante, hurlant comme une meute de chiens furieux sous les excitations sanglantes du Grand Prêtre, forme un heureux contraste avec les paroles hésitantes et les gestes froids de Pilate ; — *La mort de Jésus*, si simple, si belle, si noble, ont valu à l'auteur de justes tributs de bravos chaleureux et d'éloges sincères.

Si j'ajoute que la plupart des superbes décors, que la reconstitution archaïque des costumes et des accessoires, que la mise en scène, comprise à miracle, étaient dues aussi à M. le chanoine Henri Soreau, j'aurai le droit d'affirmer qu'il a bien mérité des lettres, des arts et de la Religion.

Connaissez-vous la légende, idéalement jolie, du rouge-gorge et de la pie ? la voici :

Pendant l'agonie du Jardin des Oliviers, le Rédempteur fut abandonné par toutes les créatures, sauf par un petit oiseau, qui mêla ses plaintes aux gémissements du Fils de Dieu ; l'oiselet suivit Jésus chez Hérode comme chez Pilate et enfin au Golgotha, où il se blottit dans un creux de rocher. Lorsque les bourreaux se furent éloignés, il se posa sur un bras de la croix, fit entendre les plus lamentables cris et parvint à arracher une épine de la couronne du Sauveur : le sang qui jaillit de la piqûre teignit le cou de l'oiseau, dont le plumage, autrefois entièrement gris, s'embellit de la pourpre royale. « Tu seras béni, toi et ta race, à jamais, dit le Rédempteur, et mes fidèles serviteurs respecteront ta couvée ; tu seras leur frère et ton chant les consolera pendant les rudes travaux des champs. Ainsi que le disciple bien aimé, tu es demeuré près de la Croix ; tu as souffert avec moi et tu seras glorifié à cause de moi. »

Le Seigneur récompensa donc la fidélité et la commisération. Mais, étant le Dieu de toute justice, il punit l'orgueil et la cruauté. Tandis que le rouge-gorge, perché sur un des bras de la croix, s'unissait au supplice du Rédempteur, sur l'autre bras un oiseau au brillant plumage joignait ses cris aux cris des soldats, ses injures aux injures des bourreaux. « Maudite sois-tu ! dit à la pie le Divin Crucifié ; maudite soit ta couvée ! C'est en vain que tu couvriras ton nid, la pluie glacera les petits. Conserve ton effronterie et ton caquet, mais perds ce plumage dont tu es si fière, et, de ce jour, fatal oiseau, revêts les lugubres couleurs de la mort. »

Si j'ai rappelé cette pittoresque légende, bien qu'elle ne soit pas de *chez nous*, c'est en raison de sa popularité en notre province : en effet, l'oiselet pitoyable est désigné par les cultivateurs du Morbihan sous le nom significatif de *jouanne*, dérivé évident de *Joannes* et réminiscence de saint Jean, qui, seul des apôtres, demeura au pied de la Croix ; et, d'autre part, la pie est considérée comme un oiseau de mauvais augure par les paysans bretons, qui voient une annonce de malheur dans la fréquentation autour de leurs demeures de l'oiseau cruel du Golgotha.

# Pâques

Après la pluie, le beau temps, dit un consolant proverbe. Après le Carême, Pâques, dirons-nous à notre tour, et nous allons rencontrer, au sujet de cette solennité, quelques coutumes bretonnes bien dignes de fixer l'attention.

Nous signalerons tout d'abord un usage si bizarre que l'on serait tenté de révoquer en doute son existence si un canon du concile tenu à Nantes, en l'an de grâce 1431, ne nous le décrivait en ces termes :

« Le lendemain de Pâques, des clercs ecclésiastiques et d'autres personnes envahissent les maisons voisines et d'autres, entrent dans les chambres, prennent ceux qui sont couchés dans leurs lits et les conduisent nus (1) à travers les rues et les places publiques, puis même dans les églises, avec de grandes clameurs, et les placent sur l'autel, et ailleurs, leur jettent de l'eau ; il s'en suit un grand trouble de l'office divin, des blessures corporelles et quelquefois des mutilations de membres. En outre, certains autres, tant clercs que laïques, le premier jour de mai, dès le matin, envahissent les maisons des autres personnes, et les saisissent et les forcent (à

(1) D'après les historiens les plus sérieux, je suis convaincu que par cette expression *nu*, si fréquemment usitée jadis, il faut entendre *nu en chemise.*

rester au lit) en prenant leurs vêtements et autres objets, et il leur faut se racheter » (¹).

Cette grotesque cérémonie fut également décrite par le concile tenu à Angers en 1448, et le texte dit que cette coutume est spéciale à la province de Tours.

Un érudit rapporte, dans le même ordre d'idées, que, le jour de Pâques et les six jours suivants, quelques chanoines, après matines, accompagnés d'enfants de chœur et précédés de la croix et du bénitier, se rendaient en procession chez leurs confrères bons dormeurs, entraient sans bruit dans leur chambre afin de les surprendre au lit, les aspergeaient d'eau bénite et chantaient l'antienne : *Hæc dies quam fecit Dominus.* Le chanoine paresseux s'habillait aussitôt, était conduit à l'église avec cérémonie et condamné à payer un déjeuner à ceux qui l'avaient réveillé.

Je note dans le *Journal de Transon* ce renseignement :

« *23 germinal* an VIII (13 avril 1800). — Jour de Pâques. Messe dite partout, dans les chambres et églises, comme il y a trois ans. »

A Pâques étaient dues une foule de redevances, la plupart fort divertissantes.

Dans un grand nombre d'importantes seigneuries, telles que Châteaubriant, Châteauneuf, Combour, Guin-

---

(1) « In crastino Paschæ, clerici ecclesiarum et alii ad domos adjacentes et alias accedunt, cameras intrant, jacentes in lectis capiunt et nudos ducunt per vicos et plateas, et ad ipsas ecclesias non sine magno clamore, et super altare, et alibi, aquam super ipsos projiciunt; ex quibus sequitur divini officii turbatio, corporum læsio, et membrorum quandoque mutilatio. Insuper, quidam alii, tam clerici quam laïci, primâ die maii, de mane, ad domos aliorum accedunt, et capiunt, et cogunt per captionem vestum seu aliorum bonorum, et se redimere opportet. »

gamp, Bécherel, etc., les poissonniers étaient soumis à un devoir singulier qui demande explication.

Au moyen âge, l'abstinence durant le Carême était observée dans toute sa rigueur. Quand arrivaient les fêtes de Pâques, la rancune du peuple s'exerçait volontiers contre les poissonniers qui lui avaient vendu fort cher de mauvais poisson durant la Sainte Quarantaine : la vengeance consistait en une cérémonie burlesque réglée par la seigneurie.

Voici comment elle se pratiquait à Bécherel (Ille-et-Vilaine). Le lundi de Pâques, tous ceux qui avaient « vendu du poisson le carème précédent dans ladite ville et forsbourgs de Bécherel » étaient tenus de se rassembler devant les juges et autres officiers de la baronnie, puis de « venir tous ensemble sauter ledit jour dans l'estang nommé l'estang de Bécherel, en endroit raisonnable ». Et après s'être « dépouillés pour sauter, doibvent chacun d'eux demander congé (permission) au seigneur ou à ses officiers pour sauter dans ledit estang, et avant d'en sortir doibvent également demander congé ». *(Aveu de la baronnie de Bécherel en* 1680.) On pouvait, en payant une amende, se racheter de cette glaciale obligation.

Les barons de Châteaubriant avaient également admis à la porte de leur ville le plaisant saut des poissonniers. « Ceux qui pendant le caresme trempent et vendent poisson sec, morue, hareng et aultres poissons en la ville de Chasteaubriant doibvent se présenter devant le seigneur dudit lieu ou ses officiers, sur la chaussée de l'estang de la Torche et là recognoistre leur debvoir de saulter en ledit estang, et à cet effet doibvent saulter une fois pendant les féries de Pasques ; et doibt ledit seigneur fournir un bateau pour les recevoir après lesdits saults et leur doibt du feu, une pièce de bœuf et du vin ; et les défaillants à obéir et saulter en l'eau doibvent chacun deux chapons de Cornouaille et 60 sols d'amende. » (*Aveu de la baronnie de Châteaubriant en* 1628.)

Relatons enfin ce qui se passait à Rochefort-en-Terre (Morbihan). « S'il y a personne en la ville de Rochefort qui ait vendu poisson vert (poisson sec) en karesme ou autre temps, il doit se trouver avant vespres, le lendemain de Pasques, à l'orme de la Taburte (près l'étang du Colombier), où seront aussi le duc d'Amour, les officiers du sire de Rochefort et les bourgeois de la ville et forsbourg dudit Rochefort. Et en ce lieu se dépouillera nud le poissonnier et viendra se baigner à l'estang du Colombier, et avant se jetter en l'eau se mettra le poissonnier sur un pied et à genou devant le duc d'Amour, qui lui baillera la bénédiction avec le pied gauche. Et sont tenus Jehan Dréan et Marie Hochart, sa femme, par cause de la maison où ils demeurent, de fournir et porter, ce jour, une chaudière de terre neuve pleine de feu, à l'heure de soleil levant, audit estang, pour chauffer l'eau audit poissonnier. Et tout ce à peine d'amende. » (*Aveu de la seigneurie de Rochefort en* 1554.) M. le chanoine Guillotin de Corson ajoute : « Cette chaudière de feu au bord de l'étang, cette bénédiction avec le pied étaient de cruelles ironies ».

A Pontivy, le saut des poissonniers se pratiquait d'une façon plus sommaire, mais moins humaine ; ils étaient « hissés sur une charrette que les bouchers poussaient dans le Blavet, laissant les poissonniers se tirer d'affaire comme ils pouvaient ». (*Aveu du duché de Rohan en* 1682.)

Le commandeur de Pontmelvez (Côtes-du-Nord), de l'Ordre des Hospitaliers de Saint-Jean-de-Jérusalem, avait le droit de « sault de carpe » sur les jeunes mariés de sa juridiction. « Sont les nouveaux mariés de la paroisse de Pontmelvez, la première année de leurs nopces, incontinent l'issue de la grande messe, le lundy de Pasques, tenus de saulter trois fois en la rivière du Léguer au lieu accoustumé, en présence dudit seigneur commandeur et de ses officiers, sous peine de 60 sols d'amende. » *(Aveu du commandeur de la Feuillée et de Pontmelvez, son annexe, en 1697.)* C'était, sans doute, une ancienne coutume pénale.

Un autre commandeur du même ordre, celui de Palacrête (Côtes-du-Nord), jouissait d'une singulière prérogative : le recteur de Louargat lui devait certaines rentes à Pâques et à Saint-Michel; s'il ne s'en acquittait pas de bonne heure, il ne pouvait célébrer le Saint Sacrifice, car le commandeur avait le droit de lui enlever son missel, même la messe commencée. « Le recteur de Louargat doit 5 livres monnoie, le jour de Pasques, qu'il doit payer avant entrer en évangile de la messe dudit jour, et à deffaut dudit payement est clos le livre dudit évangile. » *(Aveu du commandeur de la Feuillée et du Palacret, son annexe, en 1697.)*

Au bourg de Vieuxviel (Ille-et-Vilaine), le droit de soule s'exerçait le lundi de Pâques.

A Saint-Brieuc, le jour de Pâques, le recteur de la paroisse Saint-Michel était tenu d'offrir à son évêque cinq balles de paume et à chaque membre de son Chapitre trois balles avec des raquettes.

L'évêque de Saint-Brieuc avait droit de quintaine (1) dans sa ville épiscopale. Elle était courue le lundi de

(1) M. le chanoine Guillotin de Corson, après avoir rappelé l'origine et l'étymologie de ce jeu célèbre, dit : « On courait en Bretagne la quintaine de trois manières différentes, à cheval, en bateau et en chariot..... La quintaine à cheval était de beaucoup la plus répandue ».

Pâques par tous les poissonniers de Saint-Brieuc « tous à cheval, tenant une gaule à la main avec un bouquet de fleurs printanières au bout ».

Cet exercice se pratiquait également à cheval à Bécherel, le lundi de Pâques : tous les nouveaux mariés y étaient astreints, la première année, sous peine d'amende ; le cheval, les éperons et la lance de bois étaient fournis par le seigneur. (*Aveux de la baronnie de Bécherel en 1504 et 1680.*)

La quintaine se courait en chariot, le mardi de Pâques, à Pontivy : les nouveaux mariés y étaient obligés et le recteur en fournissait la liste au procureur fiscal. Après avoir planté au milieu de la place du Martray un poteau sur lequel est l'écusson des Rohan « l'on fait faire évocation des cordiers de Pontivy, qui doivent fournir une planche sur quatre petites roues, garnies de cordes, sous peine d'amende de 60 sols. Puis après les nouveaux épousés sont appelés suivant le mémoire du sieur recteur, et les comparants sont tenus de rompre chacun trois bois d'aulne, appelés quintaines, contre ledit poteau, où ils sont traisnés à course, estant sur ladite planche, par les rouleurs de vin du dit Pontivy, qui doivent aussi comparoir à cette fin, sous pareille amende de 60 sols monnoie. » (*Aveu du duché de Rohan en 1682*).

A Loudéac, le lundi de Pâques, se formait une sorte de procession faisant trois fois le tour de l'église paroissiale ; on y voyait « les domainiers, nouvellement mariés, montés à cheval équipé et sellé, avec esperons et tenant une quintaine ou lance à la main » et « les cordiers, obligés au droit de *bouhourdage*(1) montés à cheval avec

(1) D'après M. le chanoine Guillotin de Corson, ce devait être une lutte de paysans, deux à deux à cheval, et armés de bâtons ferrés par le bout.

Cette expression *behourd, bihourd, bohourt, bouhourd, behourdich*

mesme équipage, mais tenant une baguette blanche en main. Et sont obligés d'y assister tous les cordiers de ladite paroisse, à la réserve de ceux du village de la Feuillaie, qui sont tenus présenter, un genou en terre, un bouquet de houx à messieurs les juges de la juridiction. » *(Aveu du duché de Rohan en 1682)*.

Tous les tanneurs de la ville de Lamballe (Côtes-du-Nord) devaient le mardi de Pâques, accompagner le seigneur de la Villebilly dans le bois de ce nom. Ce seigneur y cueillait une fleur ou une feuille et la montrait par trois fois. On se rendait ensuite à la chapelle Saint-Sauveur en Lamballe, et, là, le seigneur de la Villebilly, assis au pied d'une croix de pierre, appelait chaque tanneur et condamnait à une amende (en 1709, elle était de 2 sous 6 deniers) tous ceux qui ne comparaissaient pas ou ne pouvaient exhiber une fleur ou une feuille semblable à celle cueillie par lui.

Le lundi de Pâques « tous les jeunes garçons de la paroisse de Saint-Ideuc (Ille-et-Vilaine) non mariés et au-dessus de l'asge de treize ans » devaient « faire faire une rose de bois peint, armoyée des armes du seigneur de Saint-Ideuc, fondateur de l'église dudit lieu » et cette rose ainsi confectionnée devait « estre donnée par lesdits jeunes garçons, en ce lieu assemblés, à une fille par le roy desdits jeunes garçons choisie et eslue ». A cette jeune fille, nommée reine par le roi des garçons, incombait le devoir d'aller présenter elle-même la rose au seigneur de Saint-Ideuc, ce qu'elle faisait « accompagnée

vient, croit-on, du thiois *behoorden*, père du mot français *heurter*. On peut lire une savante dissertation de du Cange : *Des armes à outrance, des joûtes, de la table ronde, des behourds et de la quintaine* dans le tome XIII de la Collection Leber.

par lesdits jeunes garçons et assistée de joueurs de tambourins, haulthois, bombardes et autres instruments ».
(*Archives d'Ille-et-Vilaine*, B, 928).

Une redevance musicale et chorégraphique appartenait
au baron de Lohéac dans la petite ville de ce nom (Ille-
et-Vilaine) : « Le mardy d'après Pasques, chaque année,
la dernière mariée de la paroisse de Saint-André-de-
Lohéac et de Saint-Germain fillette d'icelle est obligée de
comparoistre à la passée du cimetière de la dite église
de Lohéac et là déclarer au juge, au procureur fiscal ou
au greffier de la juridiction, qu'elle doit un baiser à la
seigneurie : après quoi elle doit chanter une chanson et
danser hors dudit cimetière, ce qui se fait à l'issue des
vespres ; ledit devoir à peine de 60 sols 1 denier monnaie
d'amende ». (*Aveu de la baronnie de Lohéac*, 1698).

Au baron de Clisson (Loire-Inférieure) était dû par le
propriétaire de la Triguaye, en Cugand, « un chevreau
à Pasques ».

Certains tenanciers de Talensac (Ille-et-Vilaine)
devaient au seigneur du Bois-de-Bintin, à la fête de
Pâques, sur la passée du cimetière « un pot de vin de
Grave, 2 sols de pain et 2 sols de viande, le tout recouvert d'une serviette blanche ».

Quand arrivaient les fêtes de Pâques, le prieur de
Varades (Loire-Inférieure) devait au baron d'Ancenis
« six gasteaux appelés rouessoles » faits avec de la
farine de froment et des œufs, plus six fouaces et six
pintes de vin. (*Déclaration de la seigneurie d'Ancenis
en 1549*).

L'une des plus bizarres obligations féodales à la charge
des Religieux était, sans contredit, la bassinée de bouillie
due par l'abbesse de Saint-Georges de Rennes au Chapitre de cette ville. Chaque mardi de Pâques, les cha-

noines de Rennes se rendaient en procession de la
cathédrale à l'église abbatiale de Saint-Georges : après
la grand'messe chantée par l'un d'eux, tous entraient
dans le cloître du monastère ; ils y trouvaient « une
grande bassinée de bouillie de lait et de fleur de froment,
cuite mais un peu urcée ou brûlée ». Le Chapitre pre-
nait possession de cette redevance et « tous les gens
du bas-chœur, s'approchant de la bassinée, en déversaient
avec des cuillers de bois autant qu'ils voulaient dans de
grandes écuelles qu'ils emportaient avec eux. » [*Archives
du Chapitre de Rennes*]. Ce qui restait de bouillie était,
par ordre des chanoines, distribué aux pauvres de la
ville. Il est vraisemblable que cette bouillie remplaçait
un repas dû originairement par l'abbesse au Chapitre
venant chanter la sainte messe à Saint-Georges.

On trouve assez souvent des œufs de Pâques dûs aux
seigneurs : celui de Texue en Gevezé (Ille-et-Vilaine)
exigeait qu'on lui en présentât « une douzaine dans un
couvre-chef blanc ». Certain tenancier en devait
« quarante-trois » au seigneur de Betton (Ille-et-Vilaine)
« déposés, à l'issue de la grand'messe de Pâques, au pied
de la croix du cimetière paroissial de Betton. »

Il est permis, peut-être, de joindre à l'énuméra-
tion des redevances de Pâques, un usage assez
curieux de la contrée guérandaise : « A Saint-Lyphard (Loire-Inférieure), à l'époque de Pâques, les
garçons meuniers s'en vont, avec un panier au bras, chez
toutes leurs pratiques. C'est pour eux l'époque des
étrennes. Ils reçoivent invariablement des œufs dans
chaque maison, selon la générosité de chacun. Mais
comme les familles tiennent à être bien servies et attachent un grand prix aux bonnes grâces du meunier,
chez lequel est ouvert souvent un compte-courant assez

élevé, ces quêtes sont généralement très fructueuses. Il n'est pas rare qu'un garçon meunier fasse dans sa journée une collecte d'œufs qui lui rapporte de quinze à vingt francs » (1).

Ces redevances et quêtes d'œufs nous amènent à rappeler, le plus brièvement possible, ce que l'on connaît touchant la théogonie de l'œuf et touchant aussi la très vénérable coutume de s'offrir des œufs.

Une école historique, animée des meilleures intentions mais à la vue courte, se refuse à voir, en dépit de l'évidence, que la plupart de nos coutumes sont d'origine païenne et ont été christianisées. Cette école prétend que l'habitude des œufs de Pâques viendrait de ce que l'Eglise ayant interdit de manger des œufs pendant le Carême on se trouvait en avoir une trop grande quantité à la fin de la Sainte Quarantaine, et pour s'en débarrasser on les donnait à tout venant.

Le malheur est que, aux époques les plus reculées et chez les peuples les plus divers, on constate l'usage de s'offrir des œufs : il faut, l'histoire à la main, considérer l'œuf de Pâques comme une étrenne donnée pour souhaiter prospérité et abondance.

L'œuf de Pâques naturel a longtemps régné en seul maître. On commença à le colorier dans les couvents dès le XI<sup>e</sup> siècle. L'usage de les durcir vient de ce que, en beaucoup de contrées, les enfants s'amusent à les toquer les uns contre les autres : celui dont l'œuf est le plus résistant est le vainqueur et les œufs brisés lui appartiennent de droit.

(1) Gustave BLANCHARD : De quelques usages anciens conservés au pays guérandais. (Bull. de la Soc. archéolog. de Nantes, t. XVII, pp. 69-70).

Depuis longtemps déjà l'œuf naturel a été supplanté, dans les classes riches, par l'œuf artificiel en sucre, en chocolat, en porcelaine, en carton ; l'œuf à surprises mériterait un chapitre spécial qui n'est point de mise dans une étude consacrée spécialement à la Bretagne.

Mais on ne me pardonnerait pas de passer sous silence une des fêtes les plus anciennes et les plus populaires de notre chère ville de Nantes: je veux parler de l'assemblée du lundi de Pâques sur la route de Paris, connue sous le nom de *la Saint-Agapit*.

Donc, ce jour-là, une foule immense se promène en ce joli quartier ; près du parc magnifique du Plessis-Tison aux ombrages séculaires, des baraques foraines, des boutiques de galettes et de gâteaux, des débits de vin en plein vent sont envahis par les familles endimanchées et bruyantes. Le caractère typique de cette assemblée consiste dans la multitude incroyable de modestes marchands qui s'échelonnent depuis la rue de Coulmiers jusqu'au boulevard de ceinture, offrant à la facile tentation des passants des paniers remplis d'œufs durs, coloriés surtout en rouge et en violet, mais aussi en rose, en brun, en jaune, et même en noir.

Quant à l'ancienneté de l'assemblée du lundi de Pâques, je cède sur ce point la parole à M. l'abbé Durville, le savant historiographe nantais.

« L'assemblée de saint Agapit, dit-il, doit son origine à un pèlerinage qui se faisait à la fontaine de saint Agapit, en Saint-Donatien. On y allait particulièrement pour le mal de ventre. Le centre de ce pèlerinage était autrefois à la chapelle Saint-Georges, « située à un » quart de lieue du bourg de Saint-Donatien, sur le » grand chemin de Carquefou ».

« L'assemblée du lundi de Pâques, à Saint-Donatien,

est une de nos plus anciennes assemblées nantaises. Nous la trouvons mentionnée dès le commencement du XII° siècle. Un acte de 1105 nous apprend que Benoit, évêque de Nantes, promulgua une indulgence en faveur de l'église de Doulon, à la station qui se faisait, le lendemain de Pâques, aux saints martyrs Donatien et Rogatien.

» Il est à croire que l'on commença de bonne heure à manger des œufs à cette assemblée. Cet usage est expressément rapporté dans une délibération capitulaire du 18 avril 1457. Le programme de la station à Saint-Donatien comportait alors un sermon. Mais, quand il était trop long, il se trouvait des pèlerins qui avaient la dévotion trop courte pour en attendre la fin. De là, une débandade peu édifiante : et le Chapitre, gardien rigide des saines coutumes, crut devoir remédier au désordre qui s'établissait. Il ordonna donc que désormais les membres de la procession « attendraient la fin du ser-» mon, à Saint-Donatien, avant d'aller manger des » œufs chez le recteur dudit lieu, pour donner le bon » exemple aux laïques » (¹).

Nos concitoyens ne se doutent guère de l'origine religieuse de la fête nantaise du lundi de Pâques. Mais si la fontaine sacrée a fait place aux litres de gros-plant, si l'on n'entend plus, en guise de sermon, que les boniments des pitres et les cris des camelots, la coutume de manger des œufs n'a pas périclité, et je m'en réjouis comme amateur de traditions locales.

(1) *Le Chercheur des provinces de l'Ouest*, mars 1900, pp. 37-39.

# Le Mois de Mai

Bien que la consécration du mois de Mai à la Sainte
Vierge soit relativement récente — elle date de la fin
du XVIe siècle et ne devint populaire qu'au XIXe siècle
— nous avons cru ne pas sortir du cadre de cette
étude en parlant des pratiques intéressantes qui se
rattachent à ce mois, dont le retour fut signalé
à toute époque par des cérémonies religieuses et des
usages laïques qui sortent de l'ordinaire.

Nous avons vu, dans le chapitre précédent, que la
bizarre coutume d'envahir les maisons dès l'aube pour
trouver les gens au lit et les condamner à l'amende se
pratiquait le premier jour de Mai comme le lundi de
Pâques.

Par un contraste émouvant, on rencontre un usage
lugubre qui se rattache également au lit : sur la limite
de la Cornouaille, au pays de Vannes, on sème de
fleurs la couche des jeunes filles qui meurent pendant
le mois de Mai ; ces prémices du printemps sont regardées comme un présage d'éternel bonheur. Ce rite gracieux s'est conservé en Angleterre, chez les Bretons du
pays de Galles.

Au moyen âge, le 1er Mai était considéré comme un
jour de réjouissances ; on se parait de vêtements neufs
et d'innombrables textes nous révèlent que les Rois
donnaient alors des étrennes. Cet usage s'est perpétué

sous la forme d'une quête qui a lieu en beaucoup de
contrées. Un ouvrage récent en offre un exemple dans
le pays nantais : « La vieille fête des *Coquaillers* existe
toujours à Guémené : dans la matinée du 1er Mai, les
jeunes gens réunis vont chanter devant les habitations
une chanson aux paroles naïves, à l'air monotone ; de
l'argent, des œufs, des victuailles obtenus des habitants,
ils font ensuite un gai repas accompagné de liba-
tions » (1).

« Les compagnies d'arquebuse remontent aux premiers temps de la chevalerie. La plupart avaient
d'abord agi dans l'intérêt de leur propre défense contre
les vexations des hauts barons et des ennemis de
l'État. Elles furent par cela même utiles au Trône, et
c'est ce qui porta nos Princes à exciter l'émulation des
chevaliers de l'arquebuse, en leur accordant divers priviléges et exemptions. Par lettres patentes des rois
Henri III, Henri IV et Louis XIII, il fut établi que les
habitants qui se trouveraient habiles à l'exercice des
armes pour la défense de leur ville auraient la permission de s'assembler le premier jour de Mai et de tirer
au papegault élevé en l'air ; que celui qui l'abattrait
serait franc pendant le cours de l'année de toutes impo-
sitions, tutelle, curatelle et décharge de logement de
guerre ; ces priviléges furent confirmés par lettres
patentes de Louis XIV. On comptait en Bretagne trente-
trois villes et bourgs dans lesquels le chevalier de
l'arquebuse qui avait abattu l'oiseau jouissait pendant
un an de l'exemption des droits d'aides jusqu'à concur-
rence d'une certaine quantité de vin. Mais les arrêts du

(1) E. ORIEUX et J. VINCENT : *Histoire et géographie de la Loire-
Inférieure*, t. II, p. 259.

Conseil voulaient que, pour être admis à tirer l'oiseau, on s'exerçât un jour au moins par mois pendant tout le cours de l'année. Ces privilèges subsistaient encore dans toutes ces villes avant la Révolution » (1).

Dans les *Privilèges de la ville de Nantes,* publiés par la « Société des Bibliophiles bretons » (2), se trouve un acte, en date du 1er Mai 1482, par lequel le duc François II déclare exempter le Roi du Papegault à Nantes, pendant l'année, « de toutes tailles, aides, dons, empruncts, guet, rireguet, garde de porte et de tous autres subsides et subvencions personnels quelxconques » et, en outre, il lui fait cadeau de « l'impost de vingt pippes de vin du cru de l'évesché de Nantes, que par chacun an, durant ladite Roiaulté, celui Roy fera vendre par detaill en sa maison ou aultre meson en notre dite ville de Nantes, la part que bon luy semblera. »

Avant d'énumérer les droits féodaux dont nos ancêtres étaient tenus de s'acquitter au mois de Mai, il est nécessaire, pour la clarté du sujet, de dire quelques mots de deux coutumes fort poétiques et universellement pratiquées.

L'usage de *planter le mai* tirerait son origine, d'après certains érudits, de la fête de la Terre, dont le 1er Mai donnait le signal chez les Anciens. Mais, suivant Leber, qui appuie sa copieuse dissertation (3) d'exemples tirés de la Bible et des annales de l'Egypte, de la Grèce et de Rome, on plantait le mai pour rendre honneur aux per-

---

(1) C. LEBER : *Notice sur les chevaliers de l'arquebuse royale de France. (Collection des meilleures dissertations, etc.,* t. XII, pp. 371-372.)

(2) *Archives de Bretagne,* t. I, pp. 72-73.

(3) *De l'origine de l'usage de planter le mai (Collection, etc.,* t. VIII, pp. 356-361.)

sonnages de marque et attirer leur bienveillance. Cette coutume a traversé les siècles et l'on pourrait faire un long chapitre sur toutes les cérémonies locales qui accompagnaient le joyeux cortège. Qu'il me suffise ici de rappeler la plantation du mai des clercs de la Bazoche, minutieusement décrite par Victor Fournel [1] et le *mai verdoyant* porté avec pompe devant le maître-autel de Notre-Dame par la corporation des orfèvres de Paris.

Quant à la gracieuse coutume d'élire une jeune fille, appelée *Reine de Mai*, et de la promener, parée de ses plus beaux atours, quoique moins ancienne que la plantation du mai, elle peut se targuer néanmoins de posséder des parchemins vénérables : dès le XVᵉ siècle, elle existe à Saint-Claude ; puis on la trouve en plusieurs provinces, surtout dans le Midi, et elle existe même en Angleterre.

Le sire de Bougon, ayant accordé de nombreuses franchises aux paroissiens de Pont-Saint-Martin (Loire-Inférieure), se borna à leur demander, en signe de reconnaissance, « chacun premier jour de may des gants et des esteufs [2] pour jouer à la paulme ». *(Aveu de la seigneurie de Bougon en 1580.)*

A Châteaugiron (Ille-et-Vilaine), existait un droit de « ceinture de bergère ». Un *Aveu* de 1541 le décrit ainsi : « Le détenteur du lieu des Ormeaux en la paroisse de Pacé » est tenu de se trouver le premier jour de

---

[1] *Les spectacles populaires et les artistes des rues,* pp. 79-84.

[2] ETEUF. *Pila lusoria.* Bale du jeu de longue paume, fort petite, fort dure, remplie de son, et couverte ordinairement de cuir. Ménage, après Lipse, dérive ce mot du latin *tufa,* qui signifiait une boule qui était au haut des enseignes. *(Dict. de Trévoux,* t. III, col. 1112.)

Mai « au bout de la cohue de la ville de Chasteaugiron »
et d'y présenter au seigneur ou à ses officiers « entre
midy et une heure, une ceinture de bergère avec une
chanson, soubs peine d'amende ».

Cette ceinture rappelle un fait qui pourrait expliquer
l'origine de cette redevance bizarre. A l'entrée du Roi
à Paris, en 1408, figurait le duc de Bretagne, accompagné de plusieurs de ses barons, parmi lesquels se
trouvait Armel, sire de Châteaugiron : ce dernier était
lui-même suivi de nombreux vaseaux « tous à cheval,
la lance sur la cuisse, portant banderoles ou estoit le
portraict d'une bergère, et au dessouls escript : *Pensez
y ce que vous vouldrez,* qui estoit la devise du seigneur
de Chasteaugiron » (¹).

Quoi qu'il en soit, La Chesnaye-Desbois décrit en
détails cette cérémonie : « Un des droits singuliers de la
terre de Châteaugiron est que le possesseur de certain
héritage est tenu, à peine de perdre la jouissance de ses
fruits pendant l'année, de venir chaque premier mai
chanter sur le pont du château, après la grande messe,
les officiers de la juridiction étant en robe, une chanson
antique et gauloise dont voici le premier couplet :

> Belle bergère, Dieu vous gard,
> Tant vous êtes belle et jolie ;
> Le fils du Roi vous sauve et gard,
> Vous et la vôtre compagnie ;
> Entrez, je suis en fantaisie,
> Belle pour vous mon franc regard ;
> Pour vous suis venu cette part,
>
> Etc.

______

(1) D'ARGENTRÉ : *Hist. de Bret.,* 501. — D. MORICE : *Hist. de
Bret.,* I, 442.

» Et à la fin de la chanson donner une ceinture de laine de cinq couleurs, d'une aune de long, appelée la ceinture du berger » (1).

« Les nouveaux mariés du bourg de Vallet (Loire-Inférieure) doivent au seigneur du Pallet un mai d'un pied de chesne, de soixante pieds de hauteur et de grosseur compétente, lequel doit être par eux abattu, amené et planté audit bourg, au son de quatre parties de hautbois, au lieu accoustumé ; et le doivent lever au premier essai, à peine d'amende. Doivent oultre lesdits mariés chacun deux pots de vin, mesure du Pallet, et pour deux sols de pain blanc ; — et leurs femmes doivent venir, conduites desdits hautbois, proche le lieu où se plante ledit mai, apporter un bouquet de fleurs et baiser ledit seigneur du Pallet ou son officier le représentant, et dire chacune une chanson nouvelle autour dudit mai ; et doit le propriétaire de la maison au devant où se plante ledit mai, une table, un tapis, des sièges, pour deux sols de pain et un pot de vin, mesure du Pallet, par chacun an, lorsque se plante ledit mai. » (*Aveux de la seigneurie du Pallet en* 1534, 1631 *et* 1725.)

A Bréal-sous-Montfort (Ille-et-Vilaine), « doivent les deux derniers mariés demeurant en ladite ville de Bréal, sçavoir le mari et la femme, planter le premier jour de mai sous la halle un mai d'espines blanches fleuries ; après quoi, la messe dite et célébrée, lesdits mariés comparoissent en l'auditoire, où l'épouse présente au seigneur de Bréal, ou à son procureur fiscal, un bouquet de fleurs et un baiser dont il est dressé procès-verbal ». Cela fait, le marié présente à son tour du pain

<hr>

(1) *Dictionnaire de la Noblesse*, v, 378.

et du vin au seigneur ou à son représentant, puis la mariée ouvre le bal champêtre « chantant la première chanson en dansant autour du mai ». *(Aveu de la châtellenie de Bréal en* 1695.)

Une rosière était élue à Saint-Jouan-des-Guérêts (Ille-et-Vilaine) par les soins du seigneur de la Mothe-Rouxel, fondateur de cette paroisse. Le *Terrier ms.* de Châteauneuf nous apprend que le seigneur de Saint-Jouan a « dans ladite paroisse droit de may et de rose » et même « droit d'élection d'une jeune fille reine de la jeunesse ». Un autre document nous dit que ce seigneur faisait élire à la fête de Saint-Marc (25 avril) un roi parmi les jeunes garçons de Saint-Jouan « lequel roy de la jeunesse, en présence des officiers de la seigneurie, choisit pour reine une jeune fille de ladite paroisse, excédant l'âge de quinze ans » ; ensuite « le premier dimanche de may doibt estre planté un may, à vis l'auditoire seigneurial de Saint-Jouan » et « doibt estre faite une rose » confiée à la reine de la jeunesse. Naturellement, la fête se terminait par une ronde champêtre dansée autour de l'arbre et conduite par la jeune reine.

M. Louis Tiercelin, le distingué dramaturge, le vaillant fondateur et directeur de *L'Hermine*, a consacré naguère à la célébration du 1er Mai dans notre province quelques pages (¹) qui trouvent naturellement leur place ici.

« Ce n'est pas à la manière de Paris que se fête le 1er Mai dans nos petites villes et nos campagnes bretonnes. La ville de ce jour, une bande de jeunes gens se répand dans les rues et s'arrête devant les maisons où l'on suppose qu'on sera bien accueilli. C'est avec une

----

(1) *Le premier Mai. (L'Hermine,* t. x, pp. 337-344.)

chanson que la troupe joyeuse annonce son arrivée et formule sa demande. Si l'accueil est aimable, en reconnaissance du présent reçu : argent, œufs, beurre, etc., on suspend à la maison une branche de lilas en fleur. Si l'accueil a été maussade ou si l'habitant est renommé pour son mauvais caractère, c'est un bouquet de feuilles de chou qu'on accroche en partant.

« Je dois à l'obligeance de M. Carlo, de Moncontour, la communication des deux chansons suivantes relatives à cette fête. La première se chante dans la ville de Moncontour, la seconde est spéciale à la campagne environnante :

### L'Arrivée du Mois de Mai

> Réveillez-vous, jeunes gens qui sommeillent,
> A ramasser une fleur la plus belle.
> Réveillez-vous, bien vite et promptement,
> A ramasser la fleur du doux printemps.

« Celui des jeunes gens qui mène le jeu pose alors cette question :

> Chanterons-je ?

« Si la réponse est favorable on continue :

> Le mois d'avril m'a été bien contraire :
> M'a-t-empêché d'aller voir ma maitresse.
> J'irai la voir au plus tôt sans tarder
> A l'arrivée du joli mois de mai.
>
> Je lui ferai un bouquet de verdure,
> Où nos amours s'ront écrits en peinture.
> Je le ferai, je lui porterai
> A l'arrivée du joli mois de mai.

. . . . . . . . . . . . . . . . . . . . . . . . . . . . . . .
. . . . . . . . . . . . . . . . . . . . . . . . . . . . . .
Rossignolet qui au gentil bois chante
Toute la nuit sur une épine blanche
Toute la nuit ne faisait que chanter
A l'arrivée du joli mois de mai.

Chantez, chantez ce joli chant d'amour : ｝
Il faut s'aimer la nuit comme le jour.   ｛ *bis.*

## L'Arrivée du Mois de Mai

*¡Environs de Moncontour'*

Accourez tous ici, et peuples et fidèles,
Et venez écouter une chanson nouvelle,
      Nous la chant'rons si belle et si jolie
            A la sortie du mois d'avril
      Nous la chant'rons si vite et promptement
            A l'arrivée du doux printemps.

. . . . . . . . . . . . . . . . . . . . . . . . . . . . . . . . . . . . .
. . . . . . . . . . . . . . . . . . . . . . . . . . . . . . . . . . . .
Quel est cet ombrage que vous voyez dans vot' fenêtre ?
C'est un beau bouquet que l'on vous a fait paraitre,
      Que nous venons prompt'ment ici placer
            A l'arrivée du mois de mai,
      Que nous plaçons ici promptement
            A l'arrivée du doux printemps.

Entre vous, jeunes fill', qui faites les dévotes,
Vous cherchez vos galants, ils sont à votre porte :
      Vous les cherchez à l'heure de minuit
            A la sortie du mois d'avril.
      Vous les cherchez à l'heure de *méné.*
            A vot' porte ils sont arrivés.

. . . . . . . . . . . . . . . . . . . . . . . . . . . . . . . . . . . . .
. . . . . . . . . . . . . . . . . . . . . . . . . . . . . . . . . . . .
Si v' n'avez rien à donner, donnez-nous la servante,
Le porteur de panier est tout prêt à la prendre.

Il n'en a pas, il la voudrait tenir
À la sortie du mois d'avril,
Il n'en a pas, il en voudrait pourtant
À l'arrivée du doux printemps.

En vous remerciant, le maître et la maîtresse,
Le présent qu' vous nous fait's, nous l'trouvons fort honnête,
Retournez-y promptement dans vos lits
Et nous irons toute la nuit,
Retournez-y promptement vous coucher
Et nous irons nous promener.

. . . . . . . . . . . . . . . . . . . . . . . . . . . . . . . . . . . . . . . . . . .

. . . . . . . . . . . . . . . . . . . . . . . . . . . . . . . . . . . . . . . . . . .

« Voici une troisième chanson qui est chantée à Plaine-Haute :

Le printemps, il approche,
Qui demande à tout homme
D'aller chanter ensemble
Le joli mois de mai.

Levez-vous, jeunes filles,
Bien vite et promptement :
V'ci vos galants qu'arrivent
Chanter le doux printemps.

Ils demand'nt à la porte :
Eh ! là, faut-il chanter ?
La grand'mèr' leur répond :
Il n'y a pas de danger.

. . . . . . . . . . . . . . . . . . . . . . . . . . . . . .

. . . . . . . . . . . . . . . . . . . . . . . . . . . . . .

Quenaill's et quenaillons,
Que fais-tu d'vant ma porte ?
Tu cherch's le bien du monde,
Tu n'en as pas la force.

— En vous remerciant,
Notre grand'mèr' l'andouille,

Que tous les chiens du monde
Vous ch.... dedans la goule.

L'année prochain' qu'ils vous en fass'nt autant
A l'arrivée du doux printemps.

« Dans un de mes séjours à Scaër, j'ai recueilli une chanson de Mai qui se chante au bourg. La fête de Mai a lieu à Scaër le soir du premier samedi de ce mois.

Premier sam'di de Mai
L'amour me prend envie
D'aller planter un mai
A la port' de ma mie.

Oh ! roulons-la,
Mon cœur l'attira,
Mon joli temps s'en va.

D'aller planter un mai
A la port' de ma mie.
Quand le mai fut planté
L'on demande un' chopine.

Quand la chopin' fut bue
On demande un' bouteille.

Quand la bouteill' fut bue
On demande les filles.

« — Laquelle en voulez-vous,
La grande ou la petite ?

La petit', s'il vous plait,
Parc' qu'elle est plus gentille. »

La grande monte en haut,
Elle pleure et soupire.

« — Taisez-vous donc, ma sœur,
Vous aurez un plus riche.

Un marchand d'escargots,
Un négociant d'pomm' cuites.

> Qui s'en va à Bordeaux
> Sur son ân' de bourrique. »

« Au bourg de Scaër et dans les environs ce n'est pas du lilas qu'on suspend à la porte des maisons. C'est une branche de hêtre ornée de rubans. A Scaër cette cérémonie est une vraie déclaration d'amour. L'amoureux se rend en cachette, vers minuit, devant la maison de celle qu'il aime et y suspend son *mai* ; puis, caché dans les environs, il restera jusqu'au matin à guetter la sortie de sa douce. Celle-ci s'est levée de bonne heure et, à la dérobée, va décrocher le bouquet. Elle le casse en petits morceaux qu'elle jette çà et là, mais elle garde les rubans car elle sait de qui ils lui viennent. Le dimanche suivant, au pardon de Plac-Kaër, les jeunes filles rendent aux garçons leur politesse et leur *payent le mai*, c'est-à-dire qu'elles les invitent sous la tente à boire un ou deux petits verres de doux. »

Le Grand Breton — qui dort de l'éternel sommeil en ce sol d'Armor dont il glorifia toutes les gloires — ne dédaignait pas de se reposer de ses magistrales études historiques par d'aimables contributions aux menus points de nos annales. Dans son œuvre immense se rencontre une étude [1], dont j'extrais quelques passages pour terminer en perfection le chapitre du mois de Mai :

« A Quintin, à l'ombre de la belle forêt de Coëtrac'h (forêt de Lorge), débris de la Brocéliande celtique, la fête de Mai vit encore. La célébration a lieu le 30 avril au soir. Une troupe de jeunes gens se forme portant d'énormes branches chargées de feuillage, d'ordinaire des branches de hêtre. Un d'entre eux, au lieu de feuil-

[1] A. DE LA BORDERIE : *Autres chansons populaires de Haute-Bretagne. (Rev. de Bret., de Vendée et d'Anjou,* oct. 1894, pp. 242-244).

lage tient une corbeille ou un panier drapé de blanc,
rempli de frais bouquets. Il se rendent successivement
devant les principales maisons de la ville. Dans chacune
ils offrent un bouquet et attachent près de la porte une
branche de hêtre. En retour, on leur donne la bienvenue,
des œufs le plus souvent ou quelque piécette d'argent.

» La musique de cette cérémonie, c'est la *Chanson du
mois de Mai* (1) qui se divise en quatre parties : la salutation — l'éloge du mois de Mai — la demande de la
bienvenue — l'adieu.

» Voici la salutation — d'une simplicité antique —
qu'on a le tort de négliger quelquefois :

> En entrant dans cette cour
> Par amour,
> Nous saluons le seigneur
> Par honneur,
> Et sa noble demoiselle
> Toute belle.

» Ce mot de *demoiselle* ne s'adresse pas à la fille, mais
à la maîtresse du logis. Après la salutation on entonne
l'hymne du mois de Mai :

> Ah ! levez-vous, levez-vous, demoiselle,
> Pour allumer le feu et la chandelle.
> Nous somm's venus ici d'la part du Roi (prononcez Rai)
> Vous annoncer le joli mois de Mai.
>
> L'hiver dernier m'a été bien contraire,
> M'a empêché d'aller voir ma maîtresse ;
> Mais j'y s'rai ou je lui enverrai
> A l'arrivée du joli mois de Mai.
>
> Je lui ferai un bouquet de verdure,
> Où nos amours se verront en peinture.

(1) Plusieurs vers de cette chanson se retrouvent dans celle de
Moncontour précitée.

Oh ! oui, j'irai où je lui enverrai
A l'arrivée du joli mois de Mai.

J'irai au champ où le rossignol chante,
Toute la nuit, sur une épine blanche,
Toute la nuit, son joli chant d'amour,
Qu'il faut aimer la nuit comme le jour.

» Pendant que cela se chante, on attache à la maison, près de la porte, la branche de hêtre ; alors, descendant de cette poésie à un ordre d'idées plus positives, les chanteurs reprennent :

Si vous n'nous donnez rien, donnez-nous la servante.
Le porteur du panier est tout prêt à la prendre.
Donnez-nous va des œufs ou de l'argent
Et nous en aller promptement (*bis*).

Si vous donnez d'l'argent, nous prierons pour la bourse (*bis*)
Nous prierons Dieu, l' bienheureux saint Miché,
Que la bourse se remplirait (*bis*).

Si vous donnez des œufs, nous prierons pour la poule (*bis*)
Nous prierons Dieu, et l'grand saint Nicolas
Que la poule mange le r'nâs (renard) (*bis*).

» Les chanteurs de Mai, ayant reçu et empoché la bienvenue, remercient et prennent congé en ces termes :

En vous remerciant ! Le présent est honnête.
Retournez vous coucher et dormez à votre aise ;
Retournez-y, la bell' si vous voulez,
Car nous allons nous en aller (*bis*).

# Les Rogations

Les Rogations furent, d'après les historiens les mieux
informés, instituées par saint Mamert, archevêque de
Vienne en Dauphiné, au Ve siècle. C'est une gloire pour
notre France bien aimée et à ce titre nous ne saurions
passer sous silence cette fête essentiellement poétique et
toujours très populaire dans nos campagnes. Pourtant,
en ce qui touche les usages spéciaux à la Bretagne, notre
récolte est d'une maigreur désolante.

« Le premier jour des Rogations, la statue de saint
Gonery est portée en bateau dans l'île de Loaven pour
visiter sa mère sainte Eliboubane, qui y est vénérée dans
la chapelle portant son nom » (¹).

Le vicomte Walsh nous révèle une coutume touchante
concernant les Rogations : « Dès la veille au soir, dit-il,
les femmes des villages voisins étaient venues aux croix
des chemins pour les parer de verdure et de fleurs, car
les fidèles, dans leur marche, devaient y faire une station.
Au pied de ces croix si vénérés, si aimées dans le pays
très catholique (de la Bretagne et de la Vendée), les paysans apportent les semences que dans le cours de l'année
ils comptent confier à la terre, pour que le prêtre les
bénisse » (²).

(1) BRUK : *Vieux usages* (*Le Chercheur des Provinces de l'Ouest*,
sept. 1900, p. 140.)

(2) *Tableau poétique des fêtes chrétiennes*, pp. 249-250.

A défaut d'autres faits curieux à signaler, on me pardonnera de reproduire ici une page admirable de Chateaubriand :

« La Fête-Dieu convient aux splendeurs des cours, les Rogations aux naïvetés du village. L'homme rustique sent avec joie son âme s'ouvrir aux influences de la religion, et sa glèbe aux rosées du Ciel : heureux celui qui portera des moissons utiles et dont le cœur humble s'inclinera sous ses propres vertus, comme le chaume sous le grain dont il est chargé.

» Les cloches du hameau se font entendre, les villageois quittent leurs travaux, le vigneron descend de la colline, le laboureur accourt de la plaine, le bûcheron sort de la forêt ; les mères, fermant leurs cabanes, arrivent avec leurs enfants, et les jeunes filles laissent leurs fuseaux, leurs brebis et les fontaines, pour assister à la fête.

» On s'assemble dans le cimetière de la paroisse, sur les tombes verdoyantes des aïeux. Bientôt on voit paraître tout le clergé destiné à la cérémonie : c'est un vieux pasteur qui n'est connu que sous le nom de *curé*, et ce nom vénérable, dans lequel est venu se perdre le sien, indique moins le ministre du temple que le père laborieux du troupeau.

» Cependant l'apôtre de l'Évangile, revêtu d'un simple surplis, assemble ses ouailles devant la grande porte de l'église ; il leur fait un discours, fort beau sans doute, à en juger par les larmes de l'assistance. On lui entend souvent répéter : *Mes enfants, mes chers enfants* ; et c'est là tout le secret de l'éloquence du Chrysostome champêtre.

« Après l'exhortation, l'assemblée commence à marcher en chantant : « *Vous sortirez avec plaisir et vous*

serez reçu avec joie ; *les collines bondiront et vous enten-
dront avec joie.* » L'étendard des Saints, antique bannière des temps chevaleresques, ouvre la carrière au
troupeau, qui suit pêle-mêle avec son pasteur. On entre
dans des chemins ombragés et coupés profondément par
la roue des chars rustiques : on franchit de hautes bar-
rières formées d'un seul tronc de chêne : on voyage le
long d'une haie d'aubépine où bourdonne l'abeille et où
sifflent les bouvreuils et les merles. Les arbres sont
couverts de leurs fleurs ou parés d'un naissant feuillage.
Les bois, les vallons, les rivières, les rochers entendent
tour à tour les hymnes des laboureurs. Étonnés de ces
cantiques, les hôtes des champs sortent des blés
nouveaux et s'arrêtent à quelques distance pour voir
passer la pompe villageoise.

» La procession rentre enfin au hameau. Chacun
retourne à son ouvrage : la religion n'a pas voulu que le
jour où l'on demande à Dieu les biens de la terre fût un
jour d'oisiveté. Avec quelle espérance on enfonce le soc
dans le sillon, après avoir imploré Celui qui dirige le
soleil et qui garde dans ses *trésors* les vents du midi et
les tièdes ondées » (1).

(1) *Génie du Christianisme*, IVᵉ partie, livre I, chap. 7 et 8.

# La Pentecôte

La fête de la Pentecôte est symbolisée par la colombe.
Jadis, dans certaines églises de Paris, lorsqu'on chantait
le *Veni creator*, une colombe blanche descendait des
voûtes sacrées, et parfois aussi, ce jour-là, on donnait la
liberté à plusieurs pigeons blancs.

Ce poétique symbolisme se retrouve dans notre province. A quelque distance de Quimperlé, on entre dans
la forêt de Carnoët ; dans un site fort pittoresque,
appelé Toulfouen, se tient, chaque année, le lundi de la
Pentecôte, le célèbre *pardon des oiseaux*, où l'on vend
une grande quantité d'oiseaux de toute espèce ; on vient
de fort loin, en particulier de Lorient, à ce pardon des
*laboused* (petits oiseaux). Sur la vaste clairière se
dansent les *koroll*, et, le soir, les jeunes gens rentrent
gaiement, chantant leurs plus beaux *gwerz* et *soniou*.

A Plourhan, dans le canton d'Etables, près de Saint-
Brieuc, il y avait également, le lundi de la Pentecôte,
une vente d'oiseaux apportés par les enfants.

Un usage vraiment gracieux se rencontre aussi dans
le pays nantais : « Une vieille coutume, touchante
comme une idylle, existe toujours dans la forêt du
Gâvre, à l'assemblée du lundi de la Pentecôte : on y
vient de nombreuses communes, en habits de fête ; et

les *promis* vont cueillir, deux à deux, de gros bouquets de muguet sous les taillis verts de la grande forêt » (1).

La quintaine courue à cheval, à Moncontour (Côtes-du-Nord), sur la place du Martray, le dimanche de la Pentecôte, se terminait d'une façon singulière : « Audit jour et feste est deub au seigneur par toutes les filles de joie qui se trouvent en ladite ville de Moncontour, de chacune d'elle, quand elle fait son entrée en ladite ville, soit à la Porte Neuve ou ailleurs, 5 sols, un pot de vin et un chapeau de fleurs ». (*Archives des Côtes-du-Nord*, E, 2.782).

Le lendemain de la Pentecôte, chaque année, les nouveaux mariés de Barbechat (Loire-Inférieure) étaient obligés de se rendre « après midy aux communs du village de la Boissière et d'y porter chacun trois battoirs et trois ballons de cuir, et iceux donner à leur seigneur, lequel, ayant marqué un espace de vingt-quatre pieds en quarré, leur jette à chacun les trois ballons qu'ils sont tenus de recevoir avec l'un de leurs battoirs et faire passer les bornes dudit espace de vingt-quatre pieds ». (*Aveu du marquisat de Goulaine* en 1680.)

A Moulins (Ille-et-Vilaine) existait le devoir de treiche (2), consistant en ceci : « Les nouveaux mariés et mariées ayant épousé en l'église parochiale dudit Moulins et couché en cette paroisse la première nuict de leurs nopces, doibvent se présenter le jour de la

---

(1) ORIEUX ET VINCENT : *Hist. et géogr. de la Loire-Inférieure*, t. II, p. 272.

(2) TRÉCHE : C'était autrefois le nom d'une danse : d'où vient l'italien *tresca* (BOREL).

> Oiseaux privez, bêtes domèches,
> Karoles, et danses, et trèches.      (R. DE LA ROSE.)

*Dict. de Trévoux*, tome VII).

Pentecoste, à l'issue des vespres, au bourg dudit Moulins ; et là est tenu chaque marié de frapper d'un baston ou quillard par trois fois trois ballotes que lui jette le seigneur de Monthouan ». Quant aux nouvelles mariées, « aprés avoir esté présentées audit seigneur par leurs dits maris, elles doibvent chacune dire une chanson et danser en danse ronde ». Faute de rendre ces devoirs féodeaux, mariés et mariées étaient condamnés à payer à la seigneurie « chacun deux pots de vin blanc et 60 sols d'amende ». (*Aveux de la seigneurie de Monthouan en* 1470 *et* 1751.)

Sur le territoire de la Chapelle-Basse-Mer (Loire-Inférieure), dépendant de la châtellenie de l'Epine-Gaudin, membre du marquisat de Goulaine, « le lendemain du jour de la Pentecoste de chaque année, les nouvelles mariées de ladite paroisse de la Chapelle sont obligées de se trouver à l'issue de la grande messe qui se dit en la chapelle de Barbechat, et dire chacune trois chansons nouvelles, et ensuite donner le baiser au seigneur ou à l'un de ses officiers le représentant. Et l'aprés-disner du mesme jour, doibvent se retrouver aux communs du village de la Boissière, et rechanter les trois chansons et donner un pareil baiser que dessus, et par défaut desdites nouvelles mariées de se trouver auxdits jours et heures, et se trouvant de faire ce que dessus, elles sont amendables chacune de 64 sols ». (*Aveux du marquisat de Goulaine en* 1680 *et* 1696.)

A Crossac (Loire-Inférieure), le seigneur du Boisjoubert devait au vicomte de Donges, rendu en la chapelle de son château de Lorieuc « un chapeau de roses sur la teste de l'image Monsieur sainct Georges, le jour de la feste de la Pentecoste ». (*Aveu de la vicomté de Donges en* 1682).

Les derniers mariés de la paroisse de Romagné (Ille-et-Vilaine) devaient au seigneur de Larchapt, le lundi de la Pentecôte, à l'issue des vêpres, « sauter par dessus ou dedans une cave pleine d'eau estant dans le pastis de la Hardouinaye, par trois fois, et ledit seigneur de Larchapt doib aux dits sauteurs dix sols monnaye pour estre convertis en vin ». Afin de prévenir les accidents, le seigneur devait préalablement faire nettoyer cette cave et la faire « paver de mottes ».

Un singulier devoir d'animaux existait à Saint-Nazaire (Loire-Inférieure) : certain employé du port de cette ville devait « présenter, soubs peine d'amende, au seigneur de Saint-Nazaire, ou à ses officiers, une fois l'an, le mardy de la Pentecoste, une oie et un chat attachés ensemble à deux pieds de distance l'un de l'autre, et doibvent estre mis dans la mer vis-à-vis l'église de Saint-Nazaire, les y laissant jusqu'à ce qu'y en ait un qui ait noyé l'autre ». (*Aveu de la vicomté de Saint-Nazaire en* 1584.)

Le sire de Rays, seigneur de Machecoul (Loire-Inférieure) avait donné au prieur de Saint-Blaise, abbaye sise près de Machecoul, une prairie appelée le Pré-aux-Bittes, à condition que le Religieux lui apportât chaque année deux joncées ou deux faix de joncs verts, l'un au jour de l'Ascension, l'autre à la Pentecôte. Voici de quelle singulière façon devait être accompli ce devoir féodal : « Lesdites joncées doivent estre rendues au chasteau de Machecoul et portées sur un asne ferré des quatre pieds tout à neuf, mené et conduit par quatre hommes ayant chacun une paire de souliers neufs à simple et première semelle, et estant l'un à la teste, l'autre à la queue, et les deux autres aux deux costés pour tenir lesdites joncées. Et où ledit asne

viendrait à tomber, fienter ou peter sur les ponts, en la
cour et autres lieux dudit chasteau, ledit prieur doit
l'amende de 60 sols et 1 denier monnoie. Laquelle
amende est pareillement due par chacun clou qui
défaudroit en la ferrure dudit asne. Et sont lesdites
joncées dues à chacun desdits termes, avant le dernier
son de la grande messe parrochiale de l'église de
Machecoul ». *(Aveu du duché de Rays en 1674.)*

« Le plaisant de l'affaire, dit M. le chanoine Guillotin
de Corson, c'est que cette cérémonie devint si populaire
à Machecoul et sembla si réjouissante, que le baron de
Rays, ayant afféagé son four à ban de Machecoul, n'im-
posa aux tenanciers d'autre obligation qu'une rente
annuelle de 12 livres et le devoir de la jonchée à l'Ascension et à la Pentecôte, tout comme faisait déjà le
prieur de Saint-Blaise ». « Ainsi, ajoute M. de la Borderie *(Ann. hist. et archéol. de Brest,* 1861), il y eut
depuis lors une sorte de concours entre l'âne du Pré-
aux-Bittes et celui du four à ban, et je laisse à penser
la joie de la foule escortant à rangs pressés les deux
quadrupèdes pour voir lequel s'acquitterait le plus proprement de son rôle ».

Une redevance pittoresque se pratiquait à Rochefort-
en-Terre (Morbihan) : « Ont chaque année les sire et
dame de Rochefort un debvoir appelé Jeu au Duc,
quel jeu se fait avec une beste feinte nommée Dragne
et son poulichot, commenczant le mardy après la Pen-
thecouste et dure iceluy jour et le lendemain. Auxquels
jours Guillaume Pasquier, dict le Duc d'Amour, est tenu
et doibt, sur ses héritages et maison où il est demeurant, conduire ou faire conduire trois fois par chacun
desdits jours une beste feinte nommée la Dragne, couverte de tapisserie, ò (avec) son poulichot, et aller au

chasteau et à ladite ville de Rochefort. Et il faut qu'il y ait tant à la conduite de ladite Drague que à faire danser les gens qui veulent danser à la halle et cohue quatre sonneurs tant gros bois (hautbois) que aultres, pour le moins. Et celuy Pasquier doibt, le mardy au matin, porter un brandon feuillé de bouleau ou aultre bois au chasteau premier et (ensuite) à chacun tavernier dudit Rochefort ; et prend de eux ledit jour de chacun un pot de vin, mesure dudit lieu ». (*Aveu de la baronnie de Rochefort en 1554.*)

Je terminerai le chapitre de la Pentecôte par le récit d'une des plus étranges cérémonies qui se puissent voir, et j'userai dans ce but de deux relations qui se complètent l'une l'autre (1).

Au bourg de Saint-Lumine-de-Coutais (Loire-Inférieure), relevant de la vicomté de Loyaux, se tenait une assemblée annuelle le jour de la Pentecôte, et voici ce qui s'y passait à la fin du XVIIIᵉ siècle.

Le héros de la fête était un cheval de bois ou de carton — dit Cheval Mallet ou Merlette — couvert d'un caparaçon tombant jusqu'à terre, le dos percé d'un trou dans lequel se plaçait l'acteur chargé de lui donner le mouvement.

Le dimanche qui précédait la Pentecôte, les nouveaux marguilliers se rendaient chez les anciens, y prenaient l'animal postiche et l'amenaient chez l'un d'entre eux. Neuf parents ou amis des marguilliers formaient le cortège, tous revêtus d'habits de toile peinte, en forme de dalmatique, parsemés d'hermines *de sable* et de fleurs

(1) THOMAS DE SAINT-MARS : *Notice sur la cérémonie du Cheval Mallet (Mémoires de l'Académie celtique,* t. II). — Chan. GUILLOTIN DE CORSON : *Usages et droits féodaux en Bretagne (Revue de Bretagne, de Vendée et d'Anjou,* avril 1901, pp. 309-311).

de lys *de gueules*. Le personnage qui était dans le cheval était recouvert d'un long sarrau de toile, herminé et fleurdelysé, qui servait de housse à sa monture. Deux sergents de la juridiction, costumés de même, précédaient l'animal et tenaient chacun à la main droite une baguette ornée de fleurs. Derrière eux venait un des neuf acteurs de la cérémonie, portant un bâton de cinq pieds de longueur et ferré des deux bouts en forme de lance. Le cheval était suivi de deux autres personnages, armés chacun d'une longue épée avec laquelle ils ferraillaient durant toute la marche. La musique, composée de deux tambours, d'un cornet à bouquin et d'une *vèse* (biniou), était exécutée par les autres acteurs. Le Cheval Mallet restait en repos jusqu'au jour de la fête.

La veille de la Pentecôte, après dîner, les marguilliers, assistés de sergents en costume et accompagnés de la foule, se rendaient dans quelque bois voisin où l'on arrachait un chène qui était conduit, au son de la musette, sur la place de l'église.

Le jour de la Pentecôte, sitôt après la première messe, les marguilliers, accompagnés de leur cortège, faisaient amener le Cheval Mallet dans l'église et il était placé dans le banc seigneurial, où il demeurait pendant la grand'messe. Entre les deux offices, au son de la musette seule, on plantait le chène. A l'issue de la grand'messe, tous les acteurs de la cérémonie amenaient l'animal sur la place et, dansant et caracolant, faisaient trois fois le tour de l'arbre au son de la musique. Toute personne étrangère devait, pendant cette danse, se tenir à neuf pieds au moins des acteurs. Puis on se rendait chez l'un des marguilliers qui donnait (en partie aux frais des mariés de l'année) un banquet aux notables de la paroisse. Après les vêpres, auxquelles il assis-

tait encore dans le banc seigneurial, le coursier postiche
était ramené de nouveau sur la place ; on dansait en
faisant neuf fois le tour du chêne que l'on faisait
embrasser trois fois par le cheval. Alors les sergents
criaient à trois reprises : *Silence !* et le *bâtonnier* (celui
qui portait le bâton ferré) entonnait une chanson de 99
couplets, qui devait être renouvelée chaque année et
contenir tous les *tours plaisants* (anecdotes scanda-
leuses) et les événements remarquables survenus à
Saint-Lumine depuis la dernière fête. L'original de cette
chanson restait aux archives du lieu avec le procès-
verbal de la cérémonie et un double en était déposé à la
Chambre des Comptes de Nantes.

La chanson finie, le Cheval Mallet était reconduit processionnellement chez un des nouveaux marguilliers,
qui en restait dépositaire jusqu'à la Pentecôte suivante.

Le lendemain, les marguilliers avec leur cortége
étaient tenus d'aller sur la place et autour de l'église et
d'ôter eux-mêmes les pierres et autres objets qui
obstruaient le passage. Par contre, ils avaient le droit,
le jour de la fête, d'aller sur la place où se trouvaient
des marchands forains et de leur prendre ce qu'ils
croyaient propre à parer ou embellir leur coursier
postiche.

« Cette grotesque cérémonie du Cheval Mallet, dit
M. le chanoine Guillotin de Corson, était un souvenir
de la donation faite aux paroissiens de Saint-Lumine,
par un duc de Bretagne, seigneur de Loyaux, de la
jouissance commune d'un marais situé au bord du lac
de Grand-Lieu. »

Quant à l'origine des caractères si bizarres de cette
fête, il nous semble malaisé de la définir. M. de la Borderie y voit « un dernier vestige des exercices militaires

des hommes du fief au moyen âge ». C'est possible, mais rien n'est moins prouvé. Nous croyons utile de signaler, sans entrer dans une description détaillée, deux cérémonies analogues qui avaient lieu en des contrées fort éloignées de notre province.

A Lyon, on célébrait le *cheval fou :* chaque année, le jour de la Pentecôte, un homme, dans un cheval postiche, vêtu d'ornements royaux, ceint de la couronne et tenant un sceptre à la main, sautait et gambadait à travers les rues du quartier du Bourg-Chanin.

A Montluçon (Allier), la confrérie des *Chevaux-Fuys,* dite aussi du *Saint-Esprit,* se livrait chaque année, à la Pentecôte, à de pittoresques ébats : les confrères dansaient sur la place publique, entrechoquant leurs armes; quelques-uns, enfermés dans des chevaux de carton, figuraient une charge de cavalerie : puis, au son d'une musique militaire, ils parcouraient la ville.

On avouera que cette célébration de la Pentecôte au moyen d'animaux postiches, à Rochefort-en-Terre et à Saint-Lumine-de-Coutais en Bretagne, dans le Lyonnais et dans le Bourbonnais, est de nature à piquer la curiosité. Mais je ne me charge point de dire le pourquoi de ces cavalcades grotesques en l'honneur du Saint-Esprit.

# La Fête-Dieu

La Fête-Dieu se célèbre à l'époque charmante où jardins et prairies s'émaillent de fleurs aux nuances éclatantes, au parfum délicat. Aussi n'est-il pas surprenant de rencontrer, à l'occasion de cette festivité, plusieurs redevances de bouquets et de couronnes.

Dans la paroisse de Plénée-Jugon (Côtes-du-Nord), le seigneur à qui appartenait le Moulin-Ars était tenu de fournir au manoir de la Planche, vassal de la seigneurie des Clos, une rose, à peine d'un écu d'or d'amende ; cette redevance devait être acquittée au moment où la procession du Saint-Sacrement passait devant les halles seigneuriales. C'était un bouquet d'œillets ou de roses que la Confrérie de l'Annonciation, composée de commerçants, devait offrir, ce jour-là, au baron de Vitré, à cause d'un grand jardin dont elle jouissait.

Le seigneur de Betton (Ille-et-Vilaine) avait droit à « un bouquet de roses blanches et vermeilles auparavant porter le *Corpus Domini* », c'est-à-dire avant la procession du Sacre. (*Aveu de la seigneurie de Betton en 1680*).

Il était dû au seigneur de la Ballue en Bazouges (Ille-et-Vilaine) « un bouquet de fleurs bien et duement ordonné à la Feste-Dieu ».

Les recteurs de Chauvigné et de Baillé, dans l'Ille-et-Vilaine, devaient chacun « ledit jour du Sacre de chaque

année un chapeau de roses », à cause de leurs presby-
tères bâtis dans les fiefs de leurs seigneurs, et ces derniers portaient ces couronnes à la procession ou en
décoraient les autels.

Les tenanciers de Caille-lieu étaient tenus, à la Fête-
Dieu, d'offrir au baron de Pontchâteau (Loire-Inférieure),
à son banc en l'église paroissiale et au départ de la
procession, « un chapeau ou bouquet faict et composé
de roses, d'œillets et autres belles fleurs selon la saison ». *(Aveu de la baronnie de Pontchâteau en* 1681.)

Il était également dû, en cette fête, à l'évêque de Dol
(Ille-et-Vilaine) « une couronne de fleurs de roses ».

Outre les redevances, on trouvait, on trouve peut-être
encore, en Bretagne une coutume poétique qui se rattache aux fleurs de la Fête-Dieu. M. le vicomte Walsh,
après avoir décrit un usage normand assez bizarre — les
prêtres reçoivent les bouquets que leur tendent les
fidèles, les passent sur la face rayonnante de l'ostensoir
et rendent ces fleurs qui ont *touché Dieu* à ceux qui les
ont présentées — M. le vicomte Walsh s'exprime en ces
termes : « Il y a là, ce me semble, une *familiarité* qui
choque et qui blesse. J'aime bien mieux notre usage
breton : ce sont les fleurs, les bouquets qui ont servi à
décorer les autels des reposoirs, que l'on distribue aux
personnes pieuses qui viennent en demander pour
reporter à leur logis, pour placer auprès d'une sainte
image ou pour poser sur le lit d'un malade qui n'a pu
quitter sa couche de douleur pour venir à la procession » (1).

Le respect dû à la célébration solennelle de la fête du
Saint-Sacrement est le devoir de tous, témoin ce récit

(1) *Tableau poétique des fêtes chrétiennes*, p. 325.

curieux : « Le 14 Juin 1629, une galette de bled noir,
pour avoir esté faite durant la Procession et grande
Messe de la Feste Dieu par un paysan indévot de la
paroisse des Ifs, diocèse de sainct Malo, qui s'y étoit
opiniastré contre le sage advis de sa femme, comme il
vint à la rompre, luy ensanglanta les mains du sang qui
en ruisseloit. La vérification en a esté faite par M. Jacques
Dormet Vicaire Général dudict sainct Malo, et la description par luy signée en la présence de M. l'Evesque
dudict lieu, le 21 juillet 1629 » (1).

Avant d'aborder l'historique de la procession de la
Fête-Dieu à Nantes à travers les âges, je rappelle une
page drôlichonne d'un ouvrage trop oublié. « Ce qui me
semble distinguer surtout la procession de la Fête-Dieu
à Landerneau, c'est la radieuse et turbulente phalange
des chérubins : environ cinquante enfants, de trois à cinq
ans, attifés avec amour par leurs mères. Tous portent
une perruque blonde et bouclée, couronnée de roses ;
tous sont vêtus de blanc, corsage de satin criblé de pail-
lettes et bordé de clinquant, avec une croix rouge sur la
poitrine et des ailes aux omoplates ; jupon de gaze très
court parsemé de roses, maillot couleur de chair et petits
souliers de satin brodés de filigrane. Tous tiennent une
corbeille remplie de fleurs effeuillées qu'ils lancent
incessamment à pleines mains comme s'ils donnaient
l'essor à des myriades de papillons multicolores. Derrière
eux s'avance l'archange Michel, l'épée haute et menaçante ; il porte un casque d'or au cimier ondoyant, quelquefois une cuirasse, mais le plus souvent son costume
est celui d'un troubadour de pendule » (2).

(1) VINCENT CHARRON : *Kalendrier historial de la Glorieuse Vierge
Marie*, p. 391.

(2) MAX RADIGUET : *A travers la Bretagne*, p. 178.

Je commencerai le récit des particularités marquantes qui signalèrent, à des époques diverses, la célébration de la Fête-Dieu en notre pieuse cité, par la reproduction d'un article fort intéressant que M. l'abbé Durville, l'heureux fouilleur de nos archives religieuses, eut l'amabilité de donner récemment au *Chercheur des Provinces de l'Ouest* (1901, pp. 92-96) sous le titre suivant : *Les Corporations nantaises et la Fête-Dieu :*

« La Fête-Dieu est depuis longtemps, à Nantes, l'objet de la manifestation de la foi la plus touchante. Sans entreprendre ici l'histoire de ces belles cérémonies, nous nous contenterons de publier un document ancien qui nous permet d'entrevoir le pittoresque avec lequel la procession se déroulait.

» Ce document, nous le trouvons dans les registres du greffe de la Prévôté de Nantes. Il commence à figurer dans le premier volume de cette série qui remonte à 1554. On le retrouve à d'autres dates dans ces mêmes registres. Son insertion dans ces registres porte à croire que la police de cette partie du défilé regardait le Prévôt, du moins à cette époque : comme la police des rues, l'ornementation des maisons, les précautions à prendre sur le parcours de la procession, regardaient la municipalité. En cas de contestations (et dans la suite des temps, les questions de préséance entre les différents corps, entre différents personnages les rendirent fréquentes), on n'avait qu'à se reporter à cette liste officielle pour mettre chacun à sa place; quitte ensuite aux gens froissés, à commencer, après la procession, de longs procès pour la conservation de ce qu'ils croyaient être leurs droits.

» Nous prenons notre document à deux dates différentes : ce qui nous permettra de constater de légères modifications apportées dans l'ordre du défilé. La première liste est de 1557, la seconde de 1608 : nous les publions toutes les deux, l'une près de l'autre. La première est précédée de cette indication :

« Ensuit les sierges des freries de Nantes, et l'ordre où ils doivent marcher le jour du sacre, et comme ils ont marché en l'an 1557.

| 1557 | 1608 |
|---|---|
| PREMIER | |
| 1 Les pescheurs de la Fosse. | Les pescheurs de la Fosse. |
| 2 Les pescheurs de la Saulzaie. | Les pescheurs de la Saulzaye. |
| 3 Toussaintz. | Toussaintz. |
| 4 Les portefeix. | Les portefaix. |
| 5 Saint-Crespin. | Saint-Crespin. |
| 6 Saint-Jacques. | Saint-Jacques. |
| 7 Les Carmes. | Les Carmes. |
| 8 La Trinité. | |
| 9 Les boullangiers. | Les boulangers. |
| 10 | Les taverniers. |
| 11 Les pasticiers. | Les paticiers. |
| 12 Les bouchers. | Les bouchers. |
| 13 Les menusiers. | Les menuiziers et Sainte-Anne. |
| 14 Saint-Bonadventure. | Saint-Bonnaventure. |
| 15 Les archers. | Les archers. |
| 16 Les hacquebutiers. | Les arquebuziers. |
| 17 Les arbelestiers. | Les arballestriers. |
| 18 Saint-Laurens. | Saint Laurens. |
| 19 Saint-Leonnard. | Saint-Leonnard. |
| 20 Saint-Vincent. | Saint-Vincent. |
| 21 Saint-Denys. | Saint-Denys. |
| 22 La Monnoye. | |
| 23 Sainte-Radegonde. | Sainte-Radegonde. |
| 24 Saint-Saturnin. | Saint-Saturnin. |
| 25 Sainte-Croix. | Sainte-Croix. |
| 26 Saint-Nicolas. | Saint-Nicolas. |
| 27 | Les clercs de Sainte-Croix. |
| 28 | Les tonneliers. |

| | |
|---|---|
| 29 | La Monnoye. |
| 30 | La Trinité. |
| 31 Les casseurs d'acier. | Les casseurs d'acier. |
| 32 Les drapiers. | Les drapiers. |
| 33 La Ville. | La Ville. |
| 34 La Veronique. | La Veronique. |
| 35 La Passion. | La Passion. |

» Le défilé de 1557 comprend 30 articles, celui de 1608, 33 : Ce dernier compte en plus les *taverniers*, les *tonneliers* et les *Clercs de Sainte-Croix*.

» Il serait trop long de commenter ce document avec tous les détails qu'il mérite. Cependant comme il a besoin de certaines explications, donnons-les sommairement. Nous les empruntons en partie au *Cérémonial de l'Eglise de Nantes*, publié en 1780, et reproduit par M. de la Nicolliére dans son ouvrage sur la collégiale de N.-D. (p. 170). Pour plus de clarté nous procédons par numéro.

» 1. 2. Les pêcheurs formaient deux corporations. Les pêcheurs de la Fosse sont remplacés en 1780 par les *gabarriers* de la Fosse. Les pêcheurs de la Sausaie avaient leur confrérie établie à la Chapelle de Bon-Secours, rue de ce nom.

» 3. L'aumônerie de Toussaints sur les Ponts, fondée par Charles de Blois, était devenue de bonne heure le centre d'une importante confrérie.

» 4. Les portefaix de la Poterne, chargés spécialement du transport des blés dont le commerce se faisait rue la *Bléterie* ; leur cierge était orné d'épis de blés.

» 5. La confrérie des cordonniers sous le patronage de saint Crépin « gentilhomme romain ». Les statuts en furent rédigés en 1480.

» 6. La confrérie des Pèlerins de Saint-Jacques : fête patronale, 1er mai : ils figuraient avec leur bourdon, leur rochet et leur chapeau garni de coquilles.

» 8. La confrérie des tailleurs fondée à Sainte-Croix et confirmée par l'évêque de Nantes, Amaury d'Acigné, le 29 novembre 1472. Elle figure à une place plus honorable (no 30), en 1608.

» 9. 11. La confrérie de Saint-Honoré, établie à Saint-Saturnin. Les statuts de la corporation des boulangers furent approuvés par le roi en 1566 : on voit que la corporation existait avant cette approbation. Saint Honoré était aussi patron des *pasticiers* ou traiteurs, dont la confrérie existait avant 1481.

» 12. La confrérie des bouchers était établie à la chapelle Saint-Yves, rue de la Boucherie. La chapelle appartenait à leur communauté qui demanda, en 1775, à en refaire la façade.

» 13. La confrérie des menuisiers, sous le patronage de sainte Anne, était établie, au XVIIIe siècle, à la chapelle de Saint-Gildas, rue des Carmélites : elle en jouit jusqu'au 26 juillet 1776.

» 14. La confrérie des *texiers* ou des tisserands, placée sous le patronage de saint Bonaventure.

» 15, 16, 17. Ces trois corporations distinctes formaient ce qu'on appelait les *trois jeux du Papegaut*. Les archers tiraient de l'arc sur la motte Saint-Nicolas dans la tenue qui est devenue d'abord le jardin des Apothicaires, puis le Petit Lycée : les *haquebutiers* tiraient de l'arquebuse à la Grosse tour, dite tour du Papegaut, au bas de la motte Saint-André ; les arbalétriers tiraient de l'arbalète à la maison du jeu de l'arbalète nommée aussi l'Arbalèterie, remplacée aujourd'hui par la rue du Muséum. (V. *Études sur le vieux Nantes*, l'Arbalèterie).

» 18, 19, 20, 21, 23, 24. Anciennes paroisses de Nantes, supprimées à la Révolution.

» 22. Les officiers de la Monnaie de Nantes. En 1608, ils figurent plus bas, nº 29.

» 25, 26. Paroisses de Nantes encore existantes.

» 27. Le clergé de Sainte-Croix comprenant un assez grand nombre de prêtres qui faisaient, à l'église, l'office de diacres, sous-diacres et prêtres de chœur. Il semble qu'alors ils avaient formé une société, comme les sociétés que l'on rencontre à la Cathédrale sous les noms de *société de Saint-Jean, de Saint-Guillaume,* etc.

» 28. La confrérie des tonneliers ou de Saint-Jean-Baptiste, placée sous la protection du saint qui baptisait dans l'eau du Jourdain.

» 31. Les casseurs d'acier, qui ont donné leur nom à la rue de la Casserie, sont remplacés en 1780 par les marchands de fer. Nous ne saurions dire s'il faut comprendre avec eux la confrérie des maîtres-serruriers, celle des maîtres-taillandiers, celle des maîtres-selliers et celle des maîtres-poëliers qui, toutes, célébraient leur fête patronale le jour de saint Eloi.

» 32. La corporation des drapiers était une des plus opulentes. Elle était composée de gros marchands de draps et soies, qui remplirent souvent de hautes fonctions et parvinrent même à la noblesse. Dès 1608, ils alternaient pour la préséance avec les précédents. Une année, ils passaient devant eux, l'année suivante, après.

» 33. Il s'agit ici probablement du Bureau de Ville. En 1780, il venait après les deux confréries suivantes.

» 34. Confrérie fondée avant 1413, et transférée le 6 septembre de cette année dans la chapelle des Jacobins. Elle était autrefois composée des plus grands seigneurs de Bretagne et n'admettait qu'une femme : la Souveraine.

» 35. Confrérie de la Passion ou du *sang Glorieux*, fondée par le duc Jean IV, avant 1371. Elle était composée des principaux notables de Nantes et ne compta qu'une sœur : la duchesse Anne. Les membres de cette confrérie établie à Sainte-Croix sont souvent appelés *Messieurs du Sang Glorieux*. D'après un de leurs statuts approuvés en 1536, « il sera entretenu aux dépens de lad. confrairie cent petites torches de cire blanche d'une livre chacune, et à chacune torche, il y aura un tableau de recordation de la Passion de N.-S. Jésus-Christ ; et chacun desd. frères sera tenu porter une torche blanche à la procession le jour du sacre et conduire le *Corpus Domini* depuis Saint-Pierre jusqu'à Saint-Nicolas où là il y sera porté et se tenir processionnellement jusqu'à ce qu'il soit retourné à Saint-Pierre sous peine d'une livre de cire.... et ne pourront lesd. frères porter leurs torches par autruy, sous peine de cinq sols monnoye d'amende. »

» Les confrères étaient jaloux de leur place à la procession. Le 23 juin 1691. Louis XIV envoya à l'évêque de Nantes une lettre pour que les confréries, qui marchent à la Fête-Dieu immédiatement avant le clergé, aient des bancs à Saint-Nicolas.

» Le cortége de la Fête-Dieu était loin de comprendre toutes les vieilles confréries ou corporations nantaises. Nous pourrions citer une quinzaine de ces confréries qui n'y figurent pas ; quelques-unes, pour n'avoir pas pu s'y faire admettre.

» Quant aux autres corps constitués, leur présence à la procession est établie par d'autres documents qui font défiler sous nos yeux la seconde partie du cortège, aussi pittoresque peut-être que la première, mais d'un pittoresque plus riche et plus brillant. »

Avec M. l'abbé Durville, nous avons vu défiler la procession du Sacre dans nos rues au XVIe et au XVIIe siècles. Avec Camille Mellinet, nous assisterons au même spectacle, mais au XVIIIe siècle. Voici, sauf les noms propres, le récit détaillé que j'emprunte au savant ouvrage : *La Commune et la Milice de Nantes* (t. v, pp. 148-159, juin 1749).

Les maire et échevins se rassemblent à l'Hôtel de Ville où ils déjeunent avec MM. les Juges-Consuls. Après quoi on fait à chacun la distribution des gants blancs et des bouquets d'oranger ; puis, l'on se rend à la Cathédrale dans l'ordre suivant : Quatre archers en casaques, les haches hautes ; le trompette de ville, en habit d'ordonnance ; deux huissiers de la mairie, en robes ; les deux greffiers de la ville, en habits de cérémonie ; M. le Maire, M. le Sous-Maire et MM. les échevins, tous en robes et bonnets de magistrature ; les Juges-Consuls précédés de deux archers de la ville.

Depuis sept heures du matin, le lieutenant général de police et ses six officiers ordinaires commençaient à faire marcher tous les gros cierges de métiers, congrégations et confréries, chacun en son rang et ordre.

Tous marchent deux à deux, tête nue, une torche de cire blanche à la main, en sorte que les plus anciens sont les derniers.

Le cierge de la ville est à la tête de tous les autres, qui se présentent en cet ordre :

Quatre torches ardentes de la confrérie de la Chandeleur ;

Les trois derniers mariés des gabariers de la Fosse.

portant, en bon arroi, le cierge des ouagers, (¹) qui représente une belle gabare avec tous ses agrés, magnifiquement peinte et chef-d'œuvre de métier, où des matelots en mécanique imitent les mouvements de personnages naturels ;

Le cierge de Saint-Sébastien, élégamment orné de rubans et des plus belles fleurs de la saison, porté par des enfants de la paroisse de Saint-Vincent ;

Le cierge de la congrégation des pêcheurs de la Saulzaie, où l'on voit un bateau et un pêcheur mécanique si bien imité qu'on croirait voir un pêcheur sur la Loire. Ce cierge est sorti de leur chapelle de Bon-Secours, précédé de deux grosses torches allumées et d'un prévôt portant sa baguette à la main, deux autres prévôts fermant la marche de la confrérie ;

Le cierge des pélerins, précédé d'un bretteur en surplis avec sa clochette, de deux grosses torches allumées et de deux prévôts de ladite confrérie, suivi de deux autres grosses torches et des confrères portant leurs bourdons et ayant leurs rochets et leurs chapeaux garnis de coquilles, vieux souvenir de l'antique pélerinage du Mont-Saint-Michel, vieux souvenir du culte des Druides conservé dans le christianisme ;

La confrérie de tous les Saints, ayant, au lieu d'un cierge, quatre torches ornées de bouquets et des tableaux de ladite confrérie ornés de précieuses reliques, dont plusieurs sont des restes vénérés des saints les plus renommés de la Bretagne ;

(1) On lit dans le *Dict. de Trévour :* « OUAGE ou OUAICHE. Terme de mer. C'est le sillage ou la trace du vaisseau. Tirer un vaisseau en *ouaiche,* c'est le tirer après soi, le tirer dans son sillage, le touer, le remorquer. » Les *Ouagers* étaient donc des hommes chargés de la remorque.

Le cierge de la confrérie des bateliers de Richebourg, dont l'image animée le dispute à celle des gabariers : car il y a rivalité entre les deux confréries d'amont et d'aval pour la beauté de ce cierge qui, sorti de l'église de Saint-Clément, est porté par les plus jeunes confrères et précédé de deux grosses torches allumées, parées de fleurs et ornées des reliques de cette confrérie ; les bateliers le suivant avec leurs prévôts ;

Les portefaix de la poterne, avec leur cierge orné de fleurs et d'épis de blé, qui forme une masse immense, arrangée et disposée avec goût, de manière à figurer la richesse et la beauté, dans les emblèmes de la nourriture et de la parure humaine ;

Le cierge de la paroisse de Sainte-Croix, représentant un crucifix sculpté avec une habileté telle que la tradition de la confrérie le dit l'œuvre de Michel Columb ; tous les enfants de la paroisse l'accompagnant ;

Le cierge de la paroisse de Saint-Saturnin, formé de fleurs en berceau, dont le dôme aux mille couleurs se balance sur les épaules vigoureuses qui le portent ;

La communauté des cordonniers, avec son cierge aux images des saints Crespin et Crespinien, que soutiennent ses quatre jurés ;

La confrérie des boulangers, avec son cierge orné de belles et somptueuses draperies, appuyé par les derniers maîtres, et précédée de ses jurés sortants ;

La confrérie des pâtissiers, avec son cierge que précèdent deux torches allumées ;

La confrérie des bouchers, avec son cierge porté par les derniers reçus maîtres ;

La confrérie des menuisiers, avec son cierge offrant un chef-d'œuvre du métier, admiré des connaisseurs, précédé et suivi de ses prévôts ;

Les tisserands, sous la frérie de Saint-Bonaventure, avec leur cierge, où se développent les tissus de leurs propres mains, arrangés avec goût autour de la statue de leur saint patron, porté par les compagnons du métier ;

Le cierge de la paroisse de Saint-Léonard ;

Le cierge de la paroisse de Saint-Nicolas, orné de l'image du saint ;

Les tonneliers, sous la confrérie de Saint-Jean, précédés et suivis de leurs prévôts ;

Les tailleurs, sous la confrérie de la Sainte-Trinité établie en l'église de Sainte-Croix, avec leur cierge que soutiennent les prévôts en charge et que suivent les maîtres tailleurs.

Ensuite marchent les marchands de fer et les marchands de drap, les premiers ayant leur prévôt à leur tête, les autres leur garde à leur queue.

La marche des confréries est terminée par les riches et antiques bannières des confréries de la Véronique et la Passion.

Immédiatement après suivent les deux premiers archers de la ville.

Deux huissiers du consulat en robes, tenant des bouquets et leurs bonnets à la main ; — le greffier seul, aussi en robe, tenant son bonnet et un bouquet ; — les consuls des marchands, deux à deux, ceux en exercice les derniers, vêtus de leurs robes noires à parements de velours, ayant par derrière de grandes manches doublées de velours ; tous portant des bouquets et leurs chapeaux à petits bords de velours ;

Les quatre autres archers de la ville, vêtus comme les deux premiers et portant également leurs haches d'armes hautes ;

Les quatre huissiers du corps de ville, en robes de palais, portant leurs bonnets et des bouquets;

Le greffier, le miseur et le contrôleur, vêtus comme les consuls;

Le procureur du Roi syndic, seul et en robe;

Les anciens échevins et syndics, selon leur rang et ordre, deux à deux;

Les anciens maires;

Les six échevins en charge, savoir: ceux qui sont avocats ou en fonctions de judicature, avec robes de palais et bonnet carré; ceux qui sont marchands en robes de consuls, et ceux qui sont nobles en habits courts avec l'épée au côté;

Enfin le maire seul, avec une branche d'oranger à la main, et faisant porter sa torche devant lui.

Après le corps de ville suivent les religieux des couvents de la ville et faubourgs, ainsi que des députations des collégiales et communautés du diocèse, savoir:

Les Jacobins de la ville, — les Cordeliers de la ville, — les Carmes de la ville, — les Chartreux de Saint-Clément, — les Minimes de la Motte Saint-Pierre, — les Capucins de la Fosse, — les Récollets de Biesse, — les Oratoriens de la Motte Saint-Pierre, — le Séminaire de la Motte Saint-Pierre, — les Jésuites de la ville, — les Capucins de l'Hermitage, — la Communauté de Saint-Clément, — les Bénédictins de Vertou, — les Jacobins de Guérande, — les Cordeliers de Clisson, — les Cordeliers de Bourgneuf, — les Cordeliers de Savenay, — les Cordeliers d'Ancenis, — les Capucins de Machecoul, — les Capucins du Croisic, — les Augustins de Candé, — les Cordeliers réformés de Saint-Martin-en-Teillé, — les Frères des Ecoles chrétiennes, tous marchant modestement deux à deux, précédés de leurs croix;

La bannière et la croix de la paroisse Saint-Nicolas, suivies des Prêtres hibernois (irlandais) ;

Les députations de la Collégiale de Saint-Aubin de Guérande, dont la fondation remonte à 762, et de la Collégiale de Notre-Dame de Clisson, fondée en 1407 ;

La croix de l'église collégiale de Notre-Dame de Nantes, accompagnée de deux céroféraires, précédée des bedeaux en robes violettes et suivie des choristes, après lesquels marchent le chantre de la Collégiale, tenant son bâton à la main, Messieurs les chanoines et le chefecier, tous revêtus de chapes ;

Les bedeaux de l'église cathédrale en leurs robes rouges; le porte-croix chapé ; les deux céroféraires en aubes, ainsi que les enfants de chœur ; les choristes et musiciens chapés, chantant de temps en temps les hymnes et motets réglés par le maître de musique et accompagnés d'instruments ;

Le chantre de la cathédrale, tenant son bâton à la main ;

Les dignitaires et chanoines de la cathédrale ; le doyen, abbé de Villeneuve; le scholastique ; les autres chanoines; tous chapés ;

Deux ecclésiastiques chapés, portant des torches allumées, avec plaques aux armes du Chapitre ;

Deux prêtres revêtus d'aubes et de dalmatiques, portant deux encensoirs fumants, dont ils encensent de temps en temps le Saint-Sacrement ;

Un autre prêtre en chape, portant la crosse de l'évêque ;

Le poële, porté par six maîtres des comptes ;

Sous le poële, Monseigneur l'Evêque, revêtu de ses habits épiscopaux, tient le Saint-Sacrement, entre les deux archidiacres élevant sa chape des deux côtés, l'archidiacre de Nantes et celui de la Mée ;

Derrière l'évêque marchent : son écuyer, — les officiers du livre, — son porte-mitre, et ses aumôniers, tous têtes nues ; — les officiers de sa judicature, le sénéchal, l'alloué, le procureur fiscal et le greffier des regaires, en leurs robes de palais, têtes nues, portant des torches de cire blanche allumées, avec plaques aux armes de l'évêque ;

Les gardes du gouvernement avec leurs casaques, bandoulières et carabines ;

La Chambre des Comptes dans cet ordre : les huissiers en robe, tenant leurs bonnets et des branches d'oranger, — le premier huissier seul, en robe parementée de velours noir, — le garde seul, — le gouverneur de Nantes, entre le Premier Président et le Second Président, puis les deux autres présidents, tous en robes de velours noir, — les généraux des finances, — les maîtres des comptes, hors ceux qui portent le poële, — les conseillers correcteurs, en robes de satin, — le procureur général entre les avocats généraux, en robes de satin, suivis des deux huissiers collecteurs des finances, portant, ainsi que tous les autres, une branche d'oranger, — les conseillers auditeurs ;

Les secrétaires du Roi, Maison et Couronne de France ;

Quelque distance après marche le présidial dans l'ordre suivant : les huissiers audienciers ; — les greffiers civils et le greffier criminel ; — le grand baillif, en robe rouge, entre l'alloué, lieutenant-général, et le juge criminel ; — le lieutenant civil et criminel du Présidial ; — les conseillers ; — les avocats du Roi ; — les procureurs du Roi ; — tous en robes noires, tenant en mains leurs bonnets et des branches d'oranger.

Après le Présidial, on voit s'avancer l'Université : les bedeaux des facultés avec leurs masses d'argent ; le bedeau général ; le greffier ; — le recteur, en habit rouge à longue queue et fourré d'hermines ; — les docteurs en théologie, vêtus de leurs robes noires, à manches froncées et fourrées de blanc tacheté de noir ; — les docteurs en droit, vêtus de leurs robes noires, ayant sur leurs épaules des bourrelets de drap rouge, fourrés et bordés de fourrure blanche tachetée de noir ; — les docteurs en médecine, en robes et bourrelets ; — les licenciés en théologie, vêtus comme les docteurs de cette faculté ; — le régent de seconde, en sa robe ordinaire de l'oratoire, ayant sur l'épaule un bourrelet noir, bordé de blanc ; — les bacheliers en théologie, partie vêtue comme les licenciés, et partie ayant simplement sur les épaules des bourrelets d'étoffe noire, fourrés et bordés de blanc, avec taches noires ; — enfin les régents des classes d'humanités, avec leurs robes ordinaires, portant sur leurs épaules des bourrelets noirs bordés de satin ou de taffetas violet.

La milice bourgeoise, sous le commandement du lieutenant-colonel (M. le Maire, colonel, étant à sa place de la Mairie) et sous la direction du major et de l'aide-major, dans cet ordre :

Les huit escouades de la compagnie de Saint-Léonard ; — les six escouades de la 1re compagnie de la Fosse ; — les six escouades de la compagnie de Saint-Nicolas ; — les six escouades de la compagnie des Halles et de la Boucherie ; — les cinq escouades de la 4e compagnie de la Fosse ; — les six escouades de la compagnie de la Saulzaie et de la Belle-Croix ; — les dix escouades de la compagnie du Port-d'Estrées ; — les huit escouades de la compagnie de Saint-Clément et Richebourg ; — les cinq escouades de la compagnie des Carmes, Erdre et Poissonnerie ; — les six escouades de la compagnie du

Marchix ; — les dix escouades de la 2e compagnie de la Fosse ; — les quatre escouades de la compagnie de Saint-Pierre ; — les sept escouades de la compagnie du Port-Maillard, du Bouffay et de Sainte-Catherine ; — les cinq escouades des deux Biesses ; — les cinq escouades de la 3e compagnie de la Fosse ; — compagnie du Pilori et de la Juiverie ; — compagnie de Pirmil ; — compagnie de Vertais.

La marche est fermée par le prévôt de la maréchaussée, à cheval, et suivi de tous ses cavaliers de la maréchaussée dans leur inaltérable costume, habit bleu, parements et doublure écarlate, veste et culotte chamois, avec leurs bandoulières et carabines, et leurs chevaux ornés de rubans.

Le cortège suit la Grande-Rue, et la première halte est au reposoir du Pilori, où l'Évêque donne sa bénédiction pendant un motet en musique ; le second reposoir est à la rue des Halles, et le troisième aux Changes.

De là on se rend à Saint-Nicolas, puis à la Collégiale, où on entend un motet chanté en musique ; et, après une cérémonie religieuse en cette église, tout le cortège rentre dans la Cathédrale, au moment où en sort la maréchaussée qui ferme la marche, tant le cortège est nombreux.

Cette copieuse description met en vedette tous les corps constitués de notre ville, et l'on apprendra sans trop d'étonnement que ces personnages divers tenaient *mordicus* à occuper un bon rang dans un défilé où ils s'exhibaient, vêtus de leurs plus somptueux atours, aux regards admiratifs de la foule. Aussi les froissements et les jalousies naissaient pour le moindre détail, et deux brochures récentes vont faire revivre pour un instant

ces querelles de préséances, toujours si divertissantes...
quand elles s'appliquent à autrui.

Je résume d'abord l'étude de M. Ed. Pied : *Deux processions de Fête-Dieu mouvementées à Nantes, années
1707 et 1720* (Vannes, Lafolye, 1901).

En 1707, les juges consulaires de notre cité adressent
une lettre à l'Intendant de Bretagne et une autre lettre
au Roi pour se plaindre avec acrimonie des passe-droit
et voies de fait dont ils auraient été victimes de la part
des chanoines de la Cathédrale : ils ont été surpris de
trouver fermée une chapelle que l'on avait coutume de
leur donner tous les ans dans la Cathédrale pour se
reposer et prendre des torches ; puis, en arrivant à
Saint-Nicolas, ils veulent occuper les places auxquelles
ils ont droit de temps immémorial, places, du reste, qui
furent toujours regardées comme inférieures et servent
seulement à séparer les juges consulaires du peuple ;
mais plusieurs chanoines leur disent des injures et les
somment de partir ; par respect pour le Saint-Sacrement,
les magistrats cèdent, et, comme ils le proclament dans
leur lettre au Roi : « Par un renversement glorieux pour
les suplians, ils osent dire qu'en cette occasion ils ont
servy d'exemple aux chanoines qui devoient eux-mêmes
servir d'exemple aux suplians ». Ils demandent que les
chanoines soient condamnés à réparer cet outrage, à
payer une amende et des dommages-intérêts et qu'on
leur interd'se à l'avenir de troubler les juges des marchands dans les rangs et places qu'ils ont coutume
d'occuper, à peine de 3.000 livres d'amende et de tous
dépens et dommages-intérêts.

Le Chapitre de la Cathédrale ne peut rester sous le
coup d'une telle accusation. Dans un placet adressé au
Roi, il dit que jamais aucune chapelle n'a été accordée

dans Saint-Pierre aux plaignants. Quant à la question des places prises à Saint-Nicolas, voici comment il se disculpe : avant que le chœur de cette église ne fût établi, tous les dignitaires ecclésiastiques occupaient des bancs couverts de tapis et les juges consuls se mettaient derrière, à leur guise : mais l'Evêque de Nantes ordonna qu'on fît un chœur et qu'on y plaçât des chaises à bras; ce sont ces chaises dont les magistrats consulaires eurent l'impudence de se saisir pour leur usage personnel, ne laissant que des bancs pour les chanoines de la Cathédrale ; ces derniers prièrent avec douceur les intrus de déguerpir et, certains des juges ayant refusé d'obtempérer, on les laissa tranquilles.

Dans une nouvelle lettre à l'Intendant de Bretagne, les juges des marchands, ayant su que le Roi désirait les voir s'abstenir de paraître à la procession de 1708, écrivent cette phrase risible : « Si, en même temps qu'on nous deffend d'assister à cette cérémonie, on avoit aussi ordonné au Chapitre de se dispenser d'occuper les places qu'il nous dispute, nous serions consolés ».

Les infortunés magistrats rédigent encore un copieux mémoire où ils exposent leurs griefs, mais la réponse attendue ne vient pas et, durant plusieurs années, ils font défaut le jour du Sacre. En effet, dans un procès-verbal de 1715, on lit : « Il fut représenté par nous juges et consuls en charge que, depuis l'année 1707, le consulat n'a point marché à la procession de la Fête-Dieu, à cause d'un différent qu'on a eu avec Monseigneur l'évêque de Nantes et le chapitre de Saint-Pierre au sujet des places qu'on occupoit cy-devant dans le cœur de Saint-Nicolas, qu'ils ont prétendu leur appartenir, pour lesquelles il y a instance au conseil d'estat du roy.... »

En 1720, les magistrats consulaires écrivent de nouveau pour avoir gain de cause et reçoivent une réponse qui n'en est pas une.

Comment et quand se régla cette affaire ? Jusqu'ici aucun document ne l'a révélé ; mais ce qu'il y a de certain c'est que, en 1749, les juges des marchands participaient à la procession de la Fête-Dieu, comme on a pu le constater plus haut.

Il est à croire que ces braves consuls nantais avaient l'épiderme sensible, car, à peine sortis de leur querelle avec les vénérables chanoines, ils en commencent une autre avec le Corps de Ville : cela date de 1720. En cet an de grâce, ils sont en rapports affables avec le clergé ; on leur ouvre une chapelle dans la Cathédrale ; on leur en fournit une autre, pour se reposer, dans la Collégiale. Mais l'orage gronde entre eux et l'échevinage ; plusieurs anciens consuls ont été personnellement demander au maire deux archers pour les précéder dans leur marche, et le premier magistrat a refusé *indignement*. Aussi, lorsque le maire et les échevins leur ont envoyé des gants (¹) et les ont priés de déjeuner avec eux dans la grande salle commune, ils ont refusé les gants et le déjeuner. Enfin ils dinèrent dans leur chambre du Consulat, où Messieurs de Ville ne se trouvèrent pas, quoique invités par billets, et depuis par les juges en personne.

Cette nouvelle dissension n'était qu'une bulle de savon qui creva vite, car, la même année 1720, toutes satis-

---

(1) Le juge et les deux consuls recevaient chacun une paire garnie et bordée de rubans noir et blanc et une paire unie ; les anciens, chacun une paire unie, et les huissiers également. (PIED : *Deux processions*, p. 31.)

factions étaient accordées par le Maire et les échevins aux juges consulaires.

C'est encore d'une discussion honorifique entre le pouvoir ecclésiastique et le pouvoir civil qu'il est cas dans une plaquette récemment publiée par l'auteur de de cette étude : *Une question de préséance pour la procession de la Fête-Dieu à Nantes au XVIII<sup>e</sup> siècle* (Vannes, Lafolye, 1899). Mais, cette fois-ci, nous sommes en 1754, et c'est la Chambre des Comptes qui cherche noise à l'Évêque de Nantes, parce que ce dernier est accompagné des officiers des reguaires et spécialement du greffier, ce qui, aux yeux des plaignants, forme en quelque sorte une judicature.

Il est expliqué que de tout temps le cortége a été ainsi formé : l'évèque, portant le Saint-Sacrement ; avec lui quatre prêtres, deux devant et deux derrière, tenant des torches revètues des armes de l'église cathédrale ; ensuite les juges des reguaires, avec des torches ornées de panonceaux aux armes épiscopales.

En 1863, Mgr de Beauveau, évêque de Nantes, dans sa déclaration au Domaine, affirmait qu'il est en droit et possession immémoriale de faire marcher processionnellement tous ses officiers laïques et greffiers, vêtus de leurs robes et bonnets carrés, immédiatement avec lui ; cette déclaration ne souleva aucune contradiction.

Le second moyen du mémoire est le plus intéressant : il y est dit : 1° La Chambre des Comptes, en habits de cérémonie, marche avec un grand nombre d'huissiers qui la précédent. Les officiers des reguaires ne sont précédés ni suivis d'aucun huissier de leur tribunal. — 2° Aucune comparaison ne peut être faite entre la marche pompeuse de MM. de la Chambre des Comptes, portant en main des branches d'oranger, et l'humble contenance des officiers des reguaires, portant des torches de cire revêtues de panonceaux aux armes de l'évêque. — 3° MM. de la Chambre occupent des stalles dans le chœur de la Cathédrale au départ et au retour. Les officiers des reguaires sont hors du chœur, confondus avec les autres membres de la procession. — 4° Aux reposoirs et dans les églises où la procession entre, MM. de la Chambre ne fléchissent le genou que sur des carreaux qui leur sont préparés. Les officiers des reguaires n'ont d'autre appui que leurs torches de cire.

Enfin le document que j'ai publié révèle que, le 6 juin 1602, on vit pour la première fois la Chambre des Comptes marcher en corps à la procession de la Fête-Dieu, et que, l'année 1615, Messieurs de la Chambre commencèrent à porter le poële à cette procession, usage qu'ils conservèrent depuis lors.

Notre regretté compatriote, M. du Sel des Monts, publia naguère une brochure (1), pleine d'érudition, où il nous apprend que Daniel, évêque de Nantes, bien qu'ayant assisté au fameux concile de Vienne (1312), où la procession de la Fête-Dieu fut rendue obligatoire pour toute la catholicité, négligea de faire exécuter cette prescription dans son diocèse ; pendant un siècle et demi chaque paroisse célébra la fête du Saint-Sacrement en son particulier et sans cérémonie extérieure ; ce n'est qu'à la fin du XVe siècle que nos chroniques locales mentionnent la procession de Sacre.

C'est encore par cette savante monographie de M. du Sel des Monts que nous apprendrons ce que devint la Fête-Dieu dans notre cité à l'époque de la Révolution.

(1) *La Fête-Dieu, étude d'histoire religieuse, d'après des documents originaux*, Nantes, Grimaud, 1889.

A Paris, la procession sortit en 1793, dans le quartier des Halles : les dames de la Halle pavoisèrent leurs boutiques, on se mit à genoux, quelques marchands tirèrent des coups de fusil et le poste de la section du Bon-Conseil porta les armes. « Ne croyez pas, ajoute Victor Fournel, à qui j'emprunte ces renseignements, que ce fût là une exception. Sur la plupart des autres points de Paris, les processions avaient lieu également » (1).

Si la popularité de la Fête-Dieu était grande à Paris sous la Terreur, elle ne l'était pas moins à Nantes. La procession parcourut notre cité le 7 juin 1792, et même il fut pris à cette occasion un arrêté municipal en forme de jugement, daté du 31 mai, prescrivant « de tenir les rues nettes, de les joncher d'herbe au devant du Très Saint Sacrement, de faire élever des voiles au dessus des reposoirs et dans les rues, de faire mettre des tapisseries décentes au devant des maisons, etc.... le tout à peine de 25 francs d'amende. » « Le 30 mai 1793, la procession parcourut encore les rues de Nantes. Invitation d'y assister en corps avait été, comme les années précédentes, adressée à tous les fonctionnaires et membres de l'Administration. » On trouve dans les comptes de décharge donnés par les marguilliers de Saint-Similien, entrés en fonctions le 1er mars 1793, un compte de dépenses pour l'érection du reposoir de la Fête-Dieu : voile, 18 livres ; glaces, 15 livres ; main d'œuvre, 30 livres ; 1.000 billets de convocation.

De leur côté, les prêtres fidèles restés dans le pays malgré des périls incessants célébraient clandestinement les cérémonies catholiques. L'ancien manoir de Locquidy,

(1) *Les Spectacles populaires et les artistes des rues*, p. 46.

aux portes de Nantes, leur offrait un asile favorable. Un jour la police apprit que la procession de la Fête-Dieu s'y était déployée (¹): le commissaire de police dressa un procès-verbal. Le prêtre qui avait eu l'audace d'agir ainsi s'appelait J. Allot de Martigné; il était originaire de Vitré. Lors de la réorganisation des paroisses, en 1803, il fut nommé vicaire à Guérande.

La première procession de la paroisse Saint-Similien, après le rétablissement officiel du culte catholique, eut lieu le dimanche dans l'octave de la Fête-Dieu, 7 juin 1807 : elle sortit de l'église à 11 h. 1/2 du matin, ainsi que cela se pratiquait avant la Révolution ; il y avait quatre reposoirs. En 1808, la procession sortit à 6 heures du soir ; en 1809 à 5 heures.

Narrer les vicissitudes de la procession de la Fête-Dieu en notre cité au cours du XIXᵉ siècle nous entraînerait bien loin. Je rappellerai seulement que nos édiles ne craignirent pas, il y a une vingtaine d'années, de supprimer cette cérémonie si aimée de nos concitoyens : quatre ans après, le suffrage public rendait à leurs chères études des gens aussi mal inspirés, et leurs successeurs, fidèles aux engagements pris, s'empressèrent de rendre la liberté de la rue à nos magnifiques cortèges du Saint-Sacrement. Depuis lors l'antique tradition s'est maintenue, plus vivace que jamais : voitures et chemins de fer déversent des flots de curieux justement avides de parcourir nos voies publiques métamorphosées en chemins triomphaux, d'admirer nos reposoirs ornés avec

(1) Je lis dans le *Journal de Transon* à la date du 23 prairial an VIII (13 juin 1800). — Jour de la Fête-Dieu. Soirée passée à Loquidy, où l'on a fait une procession. Assemblée considérable.

Serait-ce cette cérémonie de 1800 qui aurait attiré les foudres de la police?

une somptuosité artistique et surtout de contempler le spectacle féerique et émouvant des majestueuses théories de vierges candides, presque invisibles sous leurs voiles légers de blanche mousseline, de chérubins roses et bouclés, de moines austères, d'humbles religieuses, d'hommes vaillants à la voix puissante, de vénérables ecclésiastiques semblables sous leurs chapes rutilantes à de mobiles icônes.

Si jamais quelque maire de Nantes éprouvait le fâcheux désir de prohiber les processions de la Fête-Dieu, qu'il se remémore la noble réponse de M. Colombel, son prédécesseur en 1848 ; ce vrai libéral déclarait qu' « il ne voyait aucun motif sérieux d'interdire une cérémonie qui constituait, à bien dire, la seule fête vraiment populaire que le passé eût léguée aux Nantais. »

# La Saint-Jean

Après la Fête-Dieu, la Saint-Jean ; au jour succède la nuit, une nuit calme et étoilée ; les hymnes chrétiennes font place à des chants d'origine païenne. Le soleil dore de ses rayons incandescents les pompes splendides de la procession du Sacre ; pour la Saint-Jean, on attend qu'il ait disparu derrière l'horizon. Alors toutes les hauteurs se couronnent de bûchers crépitants, les campagnes rutilent de lueurs d'incendie ; le culte antique et universel du feu, dont la bûche de Noël est un indéniable vestige, reparaît dans toute sa puissance au cours de la nuit du 24 juin ; le rite solsticial s'accomplit.

En Bretagne, dès la veille de la Saint-Jean, des enfants couverts de haillons vont de porte en porte quêter de légères aumônes pour acheter des fascines d'ajonc ; les jeunes gens et les jeunes filles se rendent à la lande ramasser du bois. Puis on forme un énorme bûcher, au centre duquel se dresse une haute perche de bois vert couronnée de fleurs. Le soir venu, on parcourt les villages en chantant une complainte et en frappant en cadence sur d'énormes chaudrons appelés bassines. Quand la nuit est tout à fait tombée, on se réunit autour du bûcher en criant :

Sautez, Vari !
Sautez, Anna !
Sautez, Yan !

Le plus jeune de la bande s'empare d'une torche que lui présente une belle jeune fille et met le feu au bûcher tandis que le recteur le bénit.

Dans beaucoup de paroisses, c'est le curé lui-même qui va processionnellement, avec la croix, allumer le bûcher. A titre de preuve, voici ce que je rencontre dans la belle étude de M. le chanoine Guillotin de Corson : *Usages et droits féodaux en Bretagne :* « A Châteaubriant (Loire-Inférieure), le bûcher, construit devant la porte de ville, dite de Saint-Jean, à l'entrée du faubourg de Couëré, était très solennellement allumé, la veille de la fête, par le recteur de Béré, doyen de Châteaubriant. »

Dès que la flamme se fait jour, tous, jeunes et vieux, se prennent par la main et tournent en chantant autour du foyer. Çà et là, des enfants décrivent de lumineux paraphes en brandissant un bâton à l'extrémité duquel flamboie un tampon d'étoffe enduite de brai. Quelques-uns font le tour du foyer processionnellement, tenant en main un rosaire qu'ils égrènent. « Il n'y a pas longtemps encore, dit un de nos plus érudits compatriotes, dans la paroisse de Vieillevigne (Loire-Inférieure), on allumait le bûcher du 24 juin, formé de fagots de sarments entassés autour d'un mât, que surmontait une couronne de fleurs printanières. Les femmes du village se réunissaient autour de ce monument combustible et récitaient en commun le rosaire jusqu'à ce que la dernière étincelle se fût éteinte dans l'obscurité de la nuit » (1).

Des nuées de jeunes filles, parées de leurs plus beaux atours, décrivent un cercle rapide autour de la flamme, puis se rendent en hâte au premier feu lointain qu'elles

---

(1) Abbé Dominique : *La fête de la Saint-Jean dans les deux Bretagnes.* (*Bull. de la Soc. archéolog. de Nantes.* t. xxii, p. 189).

aperçoivent, et ainsi de suite, car si elles parviennent à en visiter neuf, elles sont sûres de se marier dans l'année.

Chacun saute au travers du brasier et tâche de saisir un tison qui, placé près de la Vierge, au chevet du lit, préservera des maléfices des korrigans. On contraint aussi les bestiaux à franchir le feu incandescent pour les soustraire à l'épizootie menaçante.

Sur cet usage caractéristique de traverser le feu, j'ouvre une parenthèse pour donner la parole à l'abbé Lebeuf, dont la *Lettre sur l'origine des feux de la Saint-Jean* a été reproduite par Leber dans sa *Collection des meilleures dissertations* (tome VIII, pp. 472-484) :

« A peine est-il fait mention, dans les notices précédentes, d'une particularité assez remarquable du feu de la Saint-Jean et des feux de joie en général. Nous voulons parler de l'usage où l'on était de sauter par dessus le foyer ardent, lorsque la flamme amortie permettait de le franchir sans danger. Nous ajouterons ici quelques observations sur l'origine de cet usage, dont la racine se découvre dans les pratiques les plus anciennes.

» On lit dans l'Écriture que le fils d'Achaz fut consacré en passant par le feu : *consecravit transiens per ignem.* Cette action ne doit pas s'entendre d'un sacrifice proprement dit, mais d'un effet naturel de l'opinion où étaient les Gentils qu'ils purifiaient et sanctifiaient leurs enfants en les faisant passer au milieu des flammes. C'est à cette opinion que se rapportent les vers d'Ovide, parlant de la fête consacrée à la déesse Palès :

*Moxque per ardentes stipulæ crepitantis acervos*
*Trajicias celeri strenua membra pede.*

(Et bientôt qu'à travers les monceaux ardents du chaume crépitant tu fasses passer d'un pied alerte tes membres courageux).

» A quoi le poète ajoute :

*Omnia purgat edax ignis.*

(Le feu dévorant purifie tout).

» Les feux dont il s'agit ici étaient appelés *palilia* chez les Latins. C'était, selon Varron, dans les campagnes que se faisaient les *palilia* publics ou particuliers. Le bûcher était composé de chaume et de foin, et les paysans, après y avoir mis le feu, sautaient par dessus, croyant par là se purger de leurs fautes.

» Cet usage est rappelé avec les mêmes circonstances et le même esprit dans l'*Arcadie* du Sannazar : Après avoir allumé de grands feux, nous nous mîmes en devoir de sauter tous légèrement, et l'un après l'autre, par dessus, pour expier nos péchés.

» Octave Ferrari en fait aussi mention dans ses traités. On voit encore par un passage de Théodoret que cette superstition régnait dans toute sa force au V siècle.

» On remarque enfin, parmi les usages que Cirus Michel, patriarche de Constantinople, signala comme superstitieux, au concile *in Trullo,* celui de sauter par dessus les feux allumés, au mois de juin, la veille de la Saint-Jean-Baptiste.

» Les *palilia* subsistèrent longtemps en Italie, sous le nom de *falò,* avec cette différence qu'ils n'avaient plus pour objet qu'un simple divertissement. C'est ainsi que le même usage s'observait en France dans plusieurs provinces. Les jeunes gens, qui ne pensaient alors qu'à se réjouir, étaient loin de s'imaginer, sans doute, que ce genre de divertissement pouvait remonter jusqu'au règne du vieux Saturne ; et, en effet, un des plus anciens oracles rendus au nom de cette divinité ordonnait de faire passer les enfants par le feu. »

Après cette utile digression, je reviens aux pratiques des bûchers de la Saint-Jean dans notre province.

Des mains pieuses rangent près du feu des bancs destinés aux défunts chéris ; puis, parcourant, avec une pression légère, toute la longueur des joncs fixés aux parois d'une bassine, elles arrachent au métal de plaintives vibrations, que le vent de la nuit porte jusqu'au cimetière : les morts tressaillent à cet appel et viennent, invisibles, s'asseoir à la place préparée pour y réchauffer leurs membres. M. l'abbé Dominique, dans sa pittoresque étude déjà citée (*La Fête de la Saint-Jean dans les deux Bretagnes*), affirme que ce concert étrange est exécuté encore aujourd'hui sur les deux rives de la Loire, qu'il l'a entendu au Gâvre, à Grandchamp, à Rougé et à Vieillevigne. Enfin M. le docteur Viaud-Grand-Marais décrit cette coutume musicale avec un luxe de détails qui ne manquent pas de piquant : « Dans la Vendée et une partie de la Loire-Inférieure, dit-il, la veille de la Saint-Jean était fêtée par un concert bruyant. On faisait *roner les poëles* (ailleurs *rezonner* ou *zondir*). Ces vases de cuivre étaient placés sur leur trépied dans le *cairay*, en dehors des maisons. On y mettait une petite quantité d'eau et une pièce d'argent. Un jonc entourait la poële près de son bord et avait un jet libre. Les propriétaires de la poële faisaient glisser leurs mains sur ce jet enduit de résine, et le cuivre, entrant en vibration, rendait un son étourdissant qui s'entendait de très loin pendant une partie de la nuit » (1).

On accepte comme un augure favorable d'occuper, dans la zone lumineuse du foyer, le point indiqué par l'extrémité de la perche quand, rongée à la base, elle se couche sur le sol en aiguille de cadran.

On se dispute avec acharnement la couronne qui dominait le bûcher, car ces fleurs flétries sont de précieux talismans contre les maux du corps et les souffrances de l'âme.

La cendre du brasier est jetée au vent que l'on prie d'emporter avec elle tous les malheurs qui menaçaient la contrée.

On plonge dans le bûcher du 23 juin *l'herbe de la Saint-Jean*, qui, chacun le sait en Bretagne, acquiert au contact du feu bénit la vertu merveilleuse de conjurer la foudre et la grêle.

A Saint-Jean-du-Doigt, dans le Finistère, un ange, habilement descendu, le flambeau à la main, de la tour du clocher, enflamme le bûcher, puis s'envole et disparaît. Une couronne de fleurs domine le feu : c'est à qui recueillera quelque pétale afin d'éloigner tous les maux. Les jeunes filles le suspendent à leur poitrine avec un fil de laine rouge pour affronter les douleurs nerveuses ; à défaut de fleurs, elles prennent un tison et le placent près de leur lit, entre un morceau du gâteau des Rois et le buis bénit du dimanche des Rameaux, ce qui les garantira contre le tonnerre.

La coutume des feux de la Saint-Jean était observée, au XVIe siècle, en notre ville, avec la plus grande solen-

_________

(1) *Causeries sur Noirmoutiers : vieilles croyances et vieilles coutumes.*

nité, comme nous l'apprend le regretté M. de la Nicol-
lière-Teijeiro. « Le 17 mai 1526, le chanoine Laurent
Richard fonda le feu de la Saint-Jean au carrefour de
ce nom. Après les complies de la veille de la fête de
saint Jean-Baptiste, le clergé de la Collégiale se rendait
processionnellement sur la place Saint-Jean, où le
chefcier allumait lui-même le feu, et revenait ensuite
dans la salle du Chapitre faire une collation, suivant
l'usage en pareil cas. Pierre Lebel, en 1529, institua la
même cérémonie, au même lieu, la veille de la fête de
saint Pierre et saint Paul. Le dernier des registres capi-
tulaires de Notre-Dame nous apprend que, si la réjouissance des feux de la Saint-Jean et de la Saint-Pierre
subsista jusqu'en 1789, le repas qui en était la suite
tomba bientôt en désuétude. On y lit, en effet, que,
le 15 juin 1789, M. l'abbé Urien, intendant de fabrique,
ayant représenté que la somme de 12 livres remise au
bedeau pour fournir le bois nécessaire en cette circons-
tance était insuffisante, vu la cherté du combustible, et
que de plus on donnait 4 livres de cerises, 2 livres
de pain et une bouteille de vin aux enfants de chœur,
fut autorisé à payer 15 livres au bedeau et 3 livres
aux enfants de chœur pour leur tenir lieu de la collation (1). »

A Brest, les feux de la Saint-Jean se présentent sous
un aspect vraiment typique au point de vue des réminis-
cences du culte solaire : vers le soir, trois à quatre mille
personnes accourent sur les glacis, tenant en main
des torches de goudron enflammé qu'elles font tourner
avec rapidité : on dirait une pluie d'étoiles, un feu

(1) *Église royale et collégiale de Notre-Dame, de Nantes ; monographie historique et archéologique.* (*Bull. de la Soc. archéolog. de
Nantes,* t. IV, p. 32.)

d'artifice magique. La fermeture des portes interrompt ce spectacle pittoresque.

La Saint-Jean est si populaire parmi nos compatriotes que, même en leur exil périodique au sein des brumes glaciales du Nord, ils ne sauraient omettre de célébrer cet anniversaire. Savourez plutôt cette page charmante :

« Il n'y a pas qu'en Bretagne que le saint Précurseur du Christ est joyeusement fêté par les Bretons. Ceux qui, tous les ans, s'en vont là-bas, aux rudes parages d'Islande, pour gagner, au prix d'inénarrables souffrances, leur vie et le pain de leurs familles, n'oublient pas les coutumes de leurs paroisses. Ils y rêvent souvent, pleins de mélancolie, pendant les longues heures de quart, dans le jour boréal sans fin.

» Le soir du 23 juin, ils se rencontrent, par la pensée et le cœur, avec « ceux du pays » pour fêter la Saint-Jean. Et les mêmes chants, répercutés par les échos des guérets et des landes, retentissent aussi sur les flots méchants et lourds de la mer boréenne, flots éclairés par les reflets étranges des feux de joie des matelots.

» Saint Jean donne quelques heures de répit à leur vie tourmentée, y fait briller un petit rayon d'idéal.

» Avec le même empressement qu'au village, le feu de joie est préparé vers l'heure qui, ailleurs, indique le soir, mais qui, en Islande, ressemble aux autres heures du jour. Chacun y veut contribuer et apporte un vieux *cirage.* Après avoir été enduits de goudron et d'huile de foie de morue, ces vêtements de misère sont empilés dans un baril que l'on hisse, par un fil de fer, à l'extrémité de la grande vergue.

» C'est le moment solennel : sur un ordre du capitaine, toutes les têtes se découvrent, les pauvres mains endolories tracent un grand signe de croix, et, pendant une minute, un murmure très doux de prières se fait entendre sur le pont. A la prière succèdent les cantiques, chants aimés *du pays*. . . .

» Cependant le *novice* a grimpé dans les haubans, le voici sur la grande vergue, à l'extrémité de laquelle l'étrange baril se balance au tangage et au roulis ; il met le feu aux *cirages* goudronnés. Au milieu d'une fumée épaisse une flamme s'élève, affolée, au-dessus de la grande mer. Elle est saluée par les acclamations de tous, — et les chants reprennent avec une ardeur nouvelle jusqu'à ce que soient dévorés, là-haut, cirages et baril, et que les derniers restes de ce bûcher unique soient tombés, éteints, dans les flots.

» Alors le capitaine « paie la double » en l'honneur de saint Jean ; au matin, il payera largement le café et les *accessoires*, — et l'on se reposera tout le jour, à moins que la morue ne *donne* trop fort ([1]). »

On a vu un peu plus haut que Pierre Lebel, en 1529, institua les *feux de Saint-Pierre* en notre cité nantaise et que cette coutume se poursuivit jusqu'en 1789, concurremment avec les feux de Saint-Jean.

En effet, ce n'était pas toujours le 23 juin que les campagnes s'illuminaient de feux nocturnes, mais *vers l'époque de la Saint-Jean*, très souvent à la Saint-Pierre. Cette façon de faire s'est perpétuée en certaines parties de notre province, comme en fait foi ce joli article, dû à la plume alerte et colorée de M. Louis Tiercelin :

« De ma fenêtre, au moment où la nuit tombe, je vois des nuages de fumée qui montent de la terre. De tous côtés, l'épaisse fumée jaunâtre s'élève le long des collines

---

[1] P. Giquello : *La Saint-Jean. (Rev. de Bretagne*, juin 1899.)

et s'étend. Maintenant, ce sont des points brillants qui paraissent, et puis bientôt des flammes se dégagent ; et voilà, jaunes et rouges, que se dressent de longues langues de feu qu'enveloppent de jolis petits nuages bleuâtres. Toute la campagne, aussi loin que la vue s'étend, en haut et en bas, est parsemée de ces *feux de Saint-Pierre*. Je descends vers la route, où j'aperçois au loin, un *tantad*.

» Un amas de genêts et d'ajoncs. Des flammes sortent. On les voit paraître ici et là et disparaître, monter et courir le long des fascines et comme s'y cacher par jeu ; une large colonne de fumée se dresse toute droite, à peine courbée par le vent. Tout autour, des hommes, des femmes, des enfants, à genoux, la tête nue, les mains jointes ou les bras croisés, les yeux fixés sur le feu, qui, seul, met un peu de mouvement et de vie — vie étrange, mouvement fantastique ! — sur ces visages immobiles. Une voix s'élève, aigüe, précipitant des paroles bizarres. J'écoute : c'est du latin, et, parfois, du breton, que récite cette longue femme maigre qui semble ne rien voir, hypnotisée devant le feu, et qui ne semble même plus entendre, comme grisée par les interminables oraisons qu'elle jette les unes après les autres : *Pater noster, Ave Maria, Angelus, De profundis,* entrecoupées *d'oremus* et d'invocations bretonnes à saint Pierre, dont c'est la fête, et aux saints de la paroisse, saint Alain, saint Jean, saint Guénnolé, saint Adrien, etc.

» La flamme est devenue claire et enveloppe tout le *tantad,* et pétille, étincelle et répand tout autour une grande clarté joyeuse. Un enfant, armé d'une fourche à faner, ramène dans le feu les brindilles qui s'écartent, et, par moments, y rejette de nouvelles fascines.

» Les prières cessent ; c'est un grand silence dans

lequel on n'entend plus que les crépitements des brindilles, et, au loin, de tous côtés, comme une plainte triste et douce, la musique des joncs qui chantent sur les bassins de cuivre.

» Un mouvement se fait dans le cercle à genoux. Des signes de croix, et chacun se relève. Et maintenant, on cause autour de la braise, qui pâlit et s'affaisse. Sur l'amas rouge, des points gris apparaissent. Les conversations s'alanguissent ; des groupes s'éloignent vers les maisons…. Je reste seul près du feu, qui s'éteint et qui meurt.

» Et je m'en vais, dans cette nuit de Saint-Pierre, douce et silencieuse, regardant au loin les dernières flammes, écoutant au loin les derniers murmures des joncs » (1).

Après tout ce qui vient d'être dit sur les feux du solstice d'été en Bretagne, on serait surpris de ne pas trouver de redevances concernant cette coutume. En effet, nous en rencontrons plusieurs qui ne sont pas dépourvues de pittoresque.

Le seigneur de Dinan avait alféagé le poids public de ses halles, et l'alféagiste était tenu de surveiller le fonctionnement régulier du pesage. Pour le récompenser, les marchands fréquentant les halles lui offraient chaque année, à la Saint-Jean, musique, feu de joie et repas plantureux. « A la vigile de Monsieur saint Jean-Baptiste, lorsqu'on fait les raviers ou feux publics appelés les feux Saint-Jean, on doibt trois aubades par des sonneurs de hautbois amenés au-devant de la maison et demeurance dudit sieur du Poids (surnom de l'alféagiste) en ladite ville de Dinan. On doibt ensuite chanter trois

<hr>

(1) *La Saint-Pierre à Guiscriff. (L'Hermine*, juillet 1897.)

15

chansons et prier ledit sieur du Poids d'allumer un buscher construit devant sa demeure à Dinan. » La fête se terminait par « un pot de vin blanc » offert à l'afféagiste. Le lendemain, celui-ci assistait en l'église Saint-Sauveur à une messe solennelle et recevait « par prérogative » le premier pain bénit. A l'issue de l'office, vers 11 heures, on apportait solennellement à son hôtel « le disner du sieur du Poids ». En voici le menu : « trois plats garnis de chair ou de poisson de trois sortes différentes, selon le jour qu'eschet icelle feste Saint-Jean, avec deux plats de salade selon la saison, laitue, pourpier, capres et cassepierre, trois couples de pains blancs et trois pots de vin blanc et de vin clairet » ; tous ces plats et pots « recouverts de linge blanc et honneste » et portés processionnellement par les bouchers de Dinan « conduits par le procureur de la confrairie de Saint-Jean, assisté de deux provosts d'icelle confrairie et des aultres anciens de la mesme confrairie, portant tous verges peintes, festons et bouquets selon la saison ; » tous enfin « menés par les sonneurs de tambourins, haultbois et bombardes, comme c'est accoustumé de temps immémorial ». *(Aveux de la baronnie de Dinan en 1617 et 1673.)*

A Saint-Etienne-de-Montluc (Loire-Inférieure), dans les fiefs du Châtelet, dépendant de la seigneurie de la Juliennaye « appartenait aux nouveaux mariés de la paroisse dudit Saint-Estienne le devoir de fournir chaque année le bois nécessaire à l'entretien du feu de Saint-Jean, rendu au pavé de la croix du cimetière dudit Saint-Estienne ». *(Aveu de la châtellenie de la Juliennaye en 1680.)*

La veille de la Saint-Jean-Baptiste, fête patronale de la paroisse de Sougeal (Ille-et-Vilaine), le seigneur du

Châtellier en Vieuxviel tenait une assemblée dans le bourg de Sougeal : il y faisait jouer au jeu de paume dans la rue et avait droit d'y allumer un feu de joie appelé *chaude-baude*. Les sergents abattaient à cet effet du bois sur la terre de Tréhet et l'amenaient à Sougeal près de la Croix-Boisselée ; là était dressé un bûcher qu'on allumait pompeusement. Le lendemain, chaque nouvelle mariée de Sougeal était tenue de chanter ou de faire chanter une chanson nouvelle, et de présenter des épingles au seigneur du Châtellier et à ses officiers ; tous les sergents généraux, en effet, assistaient à l'évocation des mariées avec une baguette fleurie à la main. (Abbé PARIS-JALLOBERT : *La seigneurie du Châtellier, 14.)*

Cette fête de saint Jean-Baptiste, également patron d'une paroisse de Montfort (Ille-et-Vilaine), était aussi solennisée dans cette ville, et divers droits féodaux, dont un feu de joie, s'y exerçaient à cette occasion. Aux premières vêpres de la fête, le sieur de la Poulanière présentait aux officiers du comté de Montfort « un chapeau de fleurs de cerfeil (chévrefeuille) sauvage », moyennant quoi on le tenait quitte des deux « harts de chesne » qu'il devait originairement fournir quand avait lieu l'exécution d'un condamné à mort. Une autre couronne de chévrefeuille était due le même jour, à l'occasion du feu de Saint-Jean, par le vicomte de Tréguil en Iffendic, à cause de ses fiefs d'Alansac et de la Bouyère ; mais celle-ci était remise avec pompe : elle était présentée dans la ville de Montfort « sur la Motte-aux-Mariées près la contrescarpe des fossés du Pas-d'Asne » et donnée par le procureur fiscal aux nouvelles mariées de l'une des trois paroisses de la ville « d'an en an », et devaient aussitôt « icelles mariées, après s'estre saisies dudit chapeau de fleurs, danser et chanter leur chanson, et baiser le seigneur ou son procureur, à peine de 60 sols d'amende ». De son côté, le sire de Montfort était obligé de fournir un cent de fagots « pour allumer et entretenir le feu Saint-Jean pendant que lesdites mariées chantent et dansent autour ». A la fin de la réjouissance, la couronne de fleurs demeurait à la dernière mariée « à moins que le seigneur n'en désignât une autre pour la recevoir ». *(Aveu du comté de Montfort en 1682.)*

Plusieurs redevances où rien ne sentait le fagot s'acquittaient aussi le 24 juin.

Ainsi, à Plédéliac (Côtes-du-Nord), les vassaux du Chemin-Chaussé « debvoient au iour Monsieur saint Iehan, chaque année, un chapeau de bouttons de rozes rendu sur le chief de Monsieur saint Iehan en la chapelle du chasteau de la Hunaudaye. *(Aveu de la châtellenie de la Hunaudaye en 1570.)*

Le seigneur du Guilleuc, en Saint-Potan, devait un chapeau de roses, à la Saint-Jean, au seigneur de Matignon (Côtes-du-Nord), à peine de 15 sous d'amende.

Le seigneur de Quintin (Côtes-du-Nord) recevait le même jour un bouquet de roses d'une maison de la ville.

Parmi les curieux usages de l'église de Rennes au moyen âge on trouve celui-ci : les enfants de la psallette devaient offrir au Chapitre des chapeaux d'osier blanc, à la Saint-Jean, à la Saint-Pierre, à la fête de Saint-Golven (8 juillet) et à l'Assomption. Il s'agissait sans doute d'une sorte de coiffure d'été, dans le genre de nos chapeaux de paille, tressée par les enfants eux-mêmes et offerte à leurs supérieurs au moment où la chaleur commençait à se faire sentir.

Tous les nouveaux mariés de la paroisse devaient au baron de Gaël (Ille-et-Vilaine), le jour de la Saint-Jean « les devoirs de quintaine et de bouhours, à peine d'amende ». (*Aveu de la baronnie de Gaël en 1679.*)

Dans les paroisses de Plénée-Jugon et de Tramain (Côtes-du-Nord), s'étendait une vaste lande de 300 journaux, dite la lande des Brignons, dont la terre était renommée pour la fabrication des pots : elle dépendait du manoir de la Villeneuve, qui, plus tard, fit partie de la haute-justice des Clos, érigée en baronnie en 1682. Les seigneurs de la Villeneuve avaient abandonné aux potiers de Tramain et des villages circonvoisins l'usage de la lande en question, ainsi qu'une très bonne fontaine qui s'y trouvait ; ils leur avaient permis, en outre, de se servir des genêts et de la bruyère pour la cuisson de la poterie. Les potiers reconnaissaient le seigneur de la Villeneuve comme seigneur terrien : de plus, ils étaient tenus de s'assembler, chaque année, le dimanche avant la Saint-Jean, et d'accompagner le dernier marié d'entre eux, lequel portait un pot garni de fleurs aux armes du seigneur. Les autres tenaient chacun une fleur, et le cortège, précédé d'un *sonneur* et d'un joueur d'instrument, se rendait dans l'église de Plénée-Jugon, en la chapelle privative du seigneur de la Villeneuve : celui-ci (ou ses officiers), dans le banc seigneurial, recevait le pot fleuri du dernier potier marié qui s'exposait, faute de remplir ce devoir, à payer 60 sous d'amende.

Une bizarre superstition du pays nantais nous est signalée par M. l'abbé Dominique. « On croyait en Angleterre, dit-il, que si quelqu'un avait l'habileté de recueillir, la nuit qui précède la fête du Précurseur, de la semence de fougère, — semence microscopique qui échappe à l'œil nu par son exiguité et qui, de plus, se trouve cachée sous des membranes à la face inférieure des frondes, — il en recevait le pouvoir de se rendre invisible à volonté. Ce n'est pas sans un certain étonnement que nous avons retrouvé cette croyance superstitieuse et la coutume qui s'y rattache dans la commune du Gâvre (Loire-Inférieure). Les jeunes gens y vont déposer dans la forêt, le soir du 23 juin, des feuilles de papier blanc ou des linges de même couleur, qu'ils placent sous les touffes de fougère » (1).

« A Saint-Malo, les *Frères-Blancs* de la noble confrérie établie en l'honneur de la nativité de saint Jean-Baptiste portaient encore au XVIII<sup>e</sup> siècle le costume historique qui leur avait été donné par un prince du XV<sup>e</sup> siècle, très dévoué aux confréries. Le duc Jean V, se trouvant à Saint-Malo pendant les cérémonies du 24 juin, voulut y participer, et, en souvenir de son passage, il permit aux associés de prendre l'habillement dont il s'était paré, les hermines exceptées. Depuis ce temps-là ils portaient le baudrier ducal et une médaille à son effigie » (2).

Devant le poétique village de l'Armor, situé sur la rive droite du goulet de Lorient, à quelques kilomètres de la ville, a lieu, le jour de la Saint-Jean, la bénédiction des *courcaux* de Groix.

Chaque année, l'Armor se remplit de tous les pêcheurs de sardines des environs qui, précédés du clergé de Plœmeur, croix et bannières en tête, se rendent proces-

(1) *La fête de la Saint-Jean dans les deux Bretagnes.* (*Bull. de la Soc. archéol. de Nantes,* t. XXII, pp. 190-191.)

(2) Léon MAITRE: *Les confréries bretonnes; leur origine, leur rôle, leurs usages et leur influence sur les mœurs au moyen âge.* (*Bull. de la Soc. archéol. de Nantes,* t. XV, p. 32.)

sionnellement au rivage et montent dans des embarcations préparées à cet effet. De Locmalo, de Gâvre, de Port-Louis, de tous les points, arrivent des barques montées par les pêcheurs de la côte, précédées de deux bateaux où sont les curés de Riantec et de Port-Louis, revêtus du surplis et de l'étole. Arrivés au milieu des *coureaux,* les prêtres des différentes paroisses se joignent à leurs confrères de l'île de Groix, les bannières se saluent, les croix s'embrassent, et, quand tous sont montés sur un caboteur pavoisé aux couleurs nationales, la cérémonie commence. A ce moment, le garde-pêche de Port-Louis arbore tous ses pavillons et fait feu de ses pierriers, dont les coups se succèdent jusqu'à la fin de la bénédiction, donnée alternativement d'année en année par l'un des curés des diverses paroisses. Au milieu de l'imposant silence, du cœur de ces braves marins, tête nue dans leurs embarcations, de celui des épouses, des mères, des sœurs, des fiancées, pieusement agenouillées sur le rivage, s'élèvent d'ardentes prières pour que l'Océan ne soit pas trop dur à ces frêles barques qui vont le sillonner tout le long des côtes de Bretagne.

Cette fête, si touchante, fut fondée, croit-on, entre 1659 et 1673, par un chapelain de l'Armor, Daniel Kerinec, qui s'entendit à ce sujet avec le recteur et les habitants de Groix.

Je ne puis mieux terminer le chapitre de la Saint-Jean qu'en reproduisant un gracieux sonnet de M. René Kerviler, l'éminent polygraphe breton :

## Bénédiction des Coureaux

Des rives de Larmor, de Riantec, de Groix,
Le jour de la Saint-Jean, l'on voit, prêtres en tête,
Trois flottilles partir en costumes de fête,
Voguant vers les coureaux au signe de la croix.

Les fronts sont découverts ; et, par de mâles voix,
S'élancent dans les airs les chants du saint Prophète,
Pendant que sur les eaux le ciel de juin reflète
Les voilures de pourpre et les brillants pavois.

Puis, lorsque au rendez-vous les barques se confondent,
Au pasteur qui bénit, les antiennes répondent
Que les marins bretons ne craignent point la mort :

Ils savent que Dieu seul peut écarter l'orage,
Qu'au milieu des dangers il double le courage ;
Et pour eux la prière est le suprême effort.

# La Toussaint

ET

# La Commémoration des Morts

Par une dualité psychique, étrange au premier abord, le Breton qui, marin ou soldat, fait bon marché de sa peau, tremble à la pensée de la mort comme la feuille au vent d'automne. Mais ce sentiment complexe se raisonne sans grande difficulté : peu soucieux de sa dépouille, l'enfant de l'Armorique est toujours inquiet de l'avenir de son âme ; sa piété sincère et sa prédilection pour les choses supranaturelles l'incitent sans cesse à se préoccuper de la vie future.

C'est dire que ce dernier chapitre, consacré à la Toussaint et à la Commémoration des Morts, se composera d'usages édifiants, de croyances pittoresques et de dramatiques légendes.

Au nombre des redevances féodales bretonnes énumérées par M. le chanoine Guillotin de Corson, je remarque qu'une bécasse était due au seigneur de la Ballue, ainsi qu'au seigneur de Coislin, le jour de la Toussaint.

A Châteaugiron (Ille-et-Vilaine), le prieur de Sainte-Croix était tenu de présenter au baron du lieu et en son château, à la fête de la Toussaint « deux pots de vin d'Anjou bon et suffisant, quatre pots de vin breton et quatre pains de froment appelés échaudés, valant chaque pain un denier. » (*Aveu de la seigneurie de Châteaugiron en 1541.*)

Dans les environs de Lesneven, on croit que, la veille des Morts, il y a plus d'âmes dans chaque maison que de grains de sable dans la mer et sur le rivage.

Dans aucun logis breton, cette nuit-là, la nappe n'est ôtée de dessus la table, ni le souper desservi, ni le feu éteint, car on est persuadé que les âmes de ceux que l'on regrette viendront faire le *repas des fantômes* et se chauffer comme ils en avaient coutume durant leur vie (¹). « La fête des Morts, dit O. Perrin (²), est l'une des plus touchantes du pays. Elle s'y passe tout entière en commémorations ; et, persuadés que cette nuit-là ceux qu'ils regrettent quittent le cimetière pour visiter les lieux où ils ont vécu et partager la nourriture des vivants, nos paysans laissent pour eux des crêpes sur la table et ont soin de ne pas abaisser le panier qui d'ordinaire y recouvre le pain. »

Les Bretons croient aussi qu'à minuit tous ceux qu'ils ont aimés reviennent sur la terre s'asseoir près d'eux et même se coucher dans leurs lits, vêtus de leurs linceuls, pour y passer la nuit.

La Baie des Trépassés, sur la côte de Cornouaille, à la pointe du Raz, est située en face de l'île de Sein, célèbre par ses prophétesses. D'après les traditions locales, c'est dans cette baie qu'arrivent les âmes des morts avant d'être transportées dans l'île par les habi-

---

(1) Une coutume analogue est pratiquée lors de la célébration des feux de la Saint-Jean.

(2) *Galerie bretonne*, t. III, p. 160.

tants de la côte. Ceux-ci entendent, au milieu de la nuit, heurter à leur porte : ils se lèvent aussitôt, vont voir et trouvent au rivage des bateaux, vides en apparence, et pourtant si chargés que l'eau en touche presque les bords. L'île de Sein retentit sans discontinuer de rumeurs plaintives, mais, dans la nuit du 2 novembre, c'est un spectacle à faire frissonner les cœurs les plus endurcis : chaque vague qui se soulève berce sur sa crête quelque pauvre âme errante à la recherche d'une âme sœur, comme elle ensevelie dans l'abîme sans fond par quelque jour d'horrible tempête, puis, quand elles se sont rencontrées, elles poussent ensemble un gémissement dont rien ne peut rendre la désespérance.

Le respect de la mort est un sentiment inné au cœur de l'homme. Aussi nos vieilles chroniques sont émaillées de récits émouvants où l'on voit Dieu frapper d'un châtiment subit et terrible les dévoyés qui osent se railler d'un culte si vénérable. Une de ces légendes se passe en notre chère Armorique, et je suis heureux de la rapporter ici.

Dans un village de Bretagne, trois jeunes gens de mauvaise vie, le jour de la Commémoration des Morts, buvaient à pleins pots dans une hôtellerie ; pour s'amuser, ils se revêtirent de peaux de bêtes et parcoururent la localité en poussant des cris sauvages. L'un d'eux se rendit au cimetière, prit une tête de mort, mit deux lumières dans les orbites vides, puis plaça cette tête ainsi éclairée sur sa tête et se divertit à effrayer tous les habitants. Il retourna ensuite vers ses compagnons qui blasphémaient et hurlaient.

Alors Dieu frappa un grand coup de tonnerre, dont tout le village fut terrifié.

Le misérable qui n'avait pas craint d'enlever la tête de mort et d'en faire un objet de dérision la reporta au cimetière et lui dit en ricanant : « Viens donc dans mon logis, tête de mort, viens demain souper avec moi. » Il rentra, dormit tranquillement et le lendemain s'en alla aux champs sans plus penser à son sacrilège. A l'heure du souper, le jeune homme entend frapper à sa demeure, la porte s'ouvre : un mort s'avance lentement jusqu'au milieu de la salle : « Me voici, dit-il, je viens souper avec toi ; allons, mon ami, ce n'est pas loin d'ici. Viens t'asseoir à ma table, elle est dressée dans ma tombe et mon linceul sert de nappe. » Il n'a pas fini de parler, que l'infortuné Breton jette un cri épouvantable et tombe sur le carreau, où il se fracasse la tête.

Les deux autres jeunes gens ne purent jamais se dépouiller de leurs peaux de bêtes et revinrent, tous les ans, le Jour des Morts, mugir autour de la demeure du damné.

Sur les côtes de Bretagne et de Normandie, la Commémoration des Morts est religieusement observée par les pêcheurs ; ce jour-là, ils ne montent pas dans leurs barques, ils ne jettent pas leurs filets, car ils y trouveraient des squelettes rompus et des ossements brisés.

En Bretagne, le soir du 1er novembre, les cimetières se remplissent d'une foule émue et recueillie de gens qui viennent s'agenouiller, tête nue, sur l'herbe mouillée, près des tombes des regrettés défunts. Le recteur, suivi de son clergé, fait processionnellement, à la lueur vacillante des cierges, le tour de la nécropole et bénit chaque sépulture. Les parents qui le suivent remplissent la coquille creusée à la tête de chaque pierre tombale, soit d'eau bénite, soit de lait qui, mieux encore que l'eau, doit *blanchir* les trépassés. Pendant toute la soirée, les cloches ne cessent de tinter des glas funèbres.

« A Vannes, il existait une confrérie dite des Trépassés, qui était ouverte à tout le monde, sans distinction de lieu ni d'origine, et dont le but unique était d'assurer des prières aux morts. Moyennant 20 deniers par personne, on pouvait inscrire sur le *memento* tous ses parents et ses amis. A la grand'messe qui était célébrée le lundi de chaque semaine, on faisait mémoire de tous les membres décédés dans la semaine précédente. De plus, trois fois la semaine, à l'heure de minuit, le bedeau de la confrérie parcourait les rues en sonnant une clochette et à chaque carrefour invitait les vivants à prier Dieu pour le repos des trépassés. Tout le moyen âge se peint par ce dernier trait. La pensée de l'autre vie le dominait sans cesse, comme la crainte des expiations d'outre-tombe ; aussi toutes ses institutions en portent l'empreinte originale. Les associations qui, en apparence, étaient les plus éloignées des soucis du tombeau n'oubliaient pas plus que les autres leurs membres défunts et faisaient chanter au moins une messe solennelle de *requiem*, chaque année, le lendemain de leur fête. Ainsi les associés de la *Contractation* de Nantes ne manquèrent jamais à ce devoir depuis leur établissement, qui remonte bien avant le XVe siècle, jusqu'à leur dissolution en 1733, et cependant le but de leur confrérie, composée en grande partie d'Espagnols et de négociants nantais, était surtout de garantir aux affiliés certains privilèges commerciaux tant en France qu'en Espagne » (1).

(1) LÉON MAÎTRE: *Les confréries bretonnes; leur origine, leur rôle, leurs usages et leur influence sur les mœurs au moyen âge* (Bull. de la Soc. archéolog. de Nantes. t. xv, pp. 34-35).

« L'évêque de Nantes, le 2 juillet 1487, par forme de mandement et de statut, ordonna, de l'avis des gens de bien, d'établir, dans la ville et dans les bourgs du diocèse, un crieur public qui, sur le minuit, avertirait au son d'une clochette, à haute et intelligible voix, les fidèles de prier pour les défunts, et, pour les exciter à ce pieux office, l'évêque accorde à ceux qui prieront pour les défunts 40 jours d'indulgence des pénitences enjointes. C'est par un reste de cet usage que la frairie de la Véronique envoie encore son bretteur, la nuit de certains jours de l'année, inviter les fidèles à prier pour les morts » (1).

Le soir du 1er novembre, chaque Breton, immobile dans un coin de sa demeure, ne cesse d'égrener son chapelet et de psalmodier des litanies ; de temps à autre, anxieux, il prête l'oreille, car il croit entendre sur les feuilles desséchées le roulement cahoteux d'un char funèbre, couvert d'un drap blanc, traîné par huit chevaux blancs ou par un squelette : c'est *karrigel ann ankou,* la charrette de la Mort.

Cette nuit-là, dit-on en Bretagne, les âmes du Purgatoire volent dans les airs et tourbillonnent avec les feuilles mortes. On entend aux portes des chants lugubres : ce sont les âmes des personnes décédées dans le courant de l'année qui empruntent la voix des mendiants de la paroisse pour demander des prières et réclamer des parents oublieux les messes promises pour leur délivrance :

> Réveillez-vous, gens qui dormez,
> Et priez pour les trépassés.

(1) Abbé TRAVERS : *Histoire civile, politique et religieuse de la Ville et du Comté de Nantes.* t. II, p. 233.

Il est de tradition que le Ciel récompense d'une façon merveilleuse les chrétiens charitables qui s'emploient à faire entrer sans retard dans le Paradis les âmes du Purgatoire. La *Légende dorée* contient de touchantes maximes sur ce chapitre, entre autres celle-ci : « Les prières de leurs amis profitent aux défunts. » De nombreux récits prouvent que les défunts savent se montrer reconnaissants et, à leur tour, implorent la miséricorde divine en faveur de ceux qui travaillaient à leur obtenir le repos éternel. Dans un rarissime recueil d'histoires mystiques ([1]), auquel j'ai fait déjà quelques emprunts et qui forme un digne pendant de la *Légende dorée*, je rencontre à l'appui de ce consolant principe un trait ravissant :

« Au pays de Bretagne, il y eut jadis un homme séculier craignant Dieu, lequel toutesfois et quantes qu'il passoit par quelque cimetière, soit en allant ou en venant, il s'y arrestoit pour prier pour les Trépassez. Or ce bon homme estant sur le poinct de mourir, il envoya prier son Curé de luy apporter le sainct Sacrement. Iceluy craignant de s'incommoder, d'autant que c'estoit la nuit, y envoya Daniel son Diacre, lequel y alla volontiers pour consoler et secourir ce malade, lequel il communia et exhorta si bien qu'il mit son âme au chemin de salut. Ce qu'ayant fait, et ayant pris congé de luy, s'en retourna, et l'agonisant rendit peu après son âme en bonne paix.

« Le Diacre estant arrivé à la principale porte de l'église, laquelle il avoit très bien fermée, il la trouva ouverte de part et d'autre, et de plus il fut invisible-

---

([1]) Vincent Chabron : *Kalendrier historial de la Glorieuse Vierge Marie.* pp. 739-740.

ment arresté en ce lieu, de sorte qu'il ne pouvoit se
mouvoir. En cet estat il oüit au cimetière une voix qui
s'escrioit : Sus, fidéles, levez-vous de là où vous repo-
sez et trouvez-vous ensemble à l'église, parce que notre
bien-faicteur est mort, lequel passant par icy ne man-
quait iamais de prier Dieu pour nous ; rendons-luy ce
devoir de recommander à Dieu son âme. Il oüit alors
un grand bruit dans le cimetière des corps sortans des
monumens, et l'église fut remplie de cierges allumez.
Alors tous ces Trespassez se mirent à chanter solemnel-
lement l'Office des Morts, ainsi qu'on a coustume de
faire aux Eglises Cathédrales quand quelque personne
illustre meurt. Cet office parachevé, chacun retourna à
son repos et le mesme bruit s'entendit, les cierges peu à
peu furent esteints, le Diacre fut délivré de ce qui le
tenoit là arresté et alla remettre le ciboire en sa place.

» Le bon Daniel estoit sur le poinct d'aller raconter
au Curé les choses qu'il avoit veües, lors qu'un messager
luy donna nouvelle que l'homme dévot estoit passé à
une meilleure vie. Alors ayant veu ces choses merveil-
leuses, il tourna le dos au monde trompeur, s'en alla à
Tours dans le Monastère de sainct Martin et là se
donna au service de Dieu, où croissant en vertus il fut
esleu Prieur et continua avec une grande ferveur à prier
Dieu pour les Trespassez. »

« Tout finit par des chansons », dit un proverbe
fameux. On me permettra bien de terminer par des
vers..... qui ne sont pas de moi. Dans l'*Année des Poètes*,
publiée en 1896 par M. Charles Fuster, j'avais noté jadis
une pièce, dont l'auteur, M<sup>lle</sup> B. Thorel, m'est inconnue,
mais où se révèle une artiste distinguée. En quelques
strophes harmonieuses, cette poésie concentre les
croyances de notre Province touchant la Fête des Tré-

passés. Je ne saurais clore de façon plus agréable cette
étude où j'ai tenté avec tout mon cœur de donner un
aperçu de l'âme bretonne :


## La Nuit des Morts en Bretagne


La cloche des morts a sonné tantôt.
Mets le pain d'avoine et la nappe blanche,
Du rameau bénit la plus grosse branche :
La cloche des morts a sonné tantôt.

Entends-tu déjà comme un long sanglot
Par instants gémir dans ces lieux funèbres ?...
Les morts vont venir avec les ténèbres.
Entends-tu déjà comme un long sanglot ?

Tout semble souffrir : des plaintes, des cris
Déchirent les airs, sifflent sur la houle ;
L'écho s'en empare et la vague roule
Dans ses flots mouvants des plaintes, des cris.

Puis viennent en masse — horribles débris
De pâles noyés — des bras qui se tordent.
Des têtes sans yeux et des dents qui mordent,
De pâles noyés horribles débris.

Chaque vague porte une âme en tourment,
On les voit courir sur la blanche lame,
Cherchant dans la nuit une autre pauvre âme,
Aimée autrefois, comme elle en tourment.

A chaque rencontre un gémissement
De ces spectres noirs sort lugubre et sombre.
Ils veulent s'étreindre et le flot dans l'ombre
Les emporte avec un gémissement.

Ma porte a tremblé, ma lampe a pâli.
Quel souffle a glacé l'ombre décevante ?
Oh ! nuit de tristesse ! oh ! nuit d'épouvante !
Ma porte a tremblé, ma lampe a pâli.

Pourquoi donc quitter ton funèbre lit ?...
N'ai-je pas baisé tes paupières closes,
Mis la croix dessus et couvert de roses,
Morte que j'aimais, ton funèbre lit ?....

# TABLE DES MATIÈRES

———

Avant-Propos.................................... Page  5

## Noël

Représentations figurées : pastorales aux Moutiers en 1797, à Nantes en 1801 ; *la Nativité* de l'abbé Jouin, à Nantes, en 1899-1901 ; crèches dans les églises du Finistère et dans celles de Nantes. — Noël est par excellence la fête consolante des déshérités : petit pauvre vêtu de neuf par la Bienheureuse Françoise d'Amboise. — Ce qu'il faut penser des redevances féodales. — Redevances de Noël : fleurs, robes, chapon et bécasse du seigneur de Coislin ; caille et chapeau de roses du seigneur de la Ballue ; sonnettes, gants et bécasse du vicomte d'Artois ; chapon du seigneur du Bois-de-Bintin ; chapon, pain et vin du seigneur de la Normandaye ; échaudés et vin de Bretagne et d'Anjou du baron de Châteaugiron ; pain et vin du vicomte de Donges ; barriques de vin et miches de pain du seigneur de Combour ; poires d'angoisse du baron de Clisson ; boudins du seigneur de la Chalopinaye ; gâteau du seigneur de Goulaine ; gants du seigneur de Chevaigné ; poule blanche du seigneur du Tronchais ; coq blanc du sire de Coëtmen ; renard à queue blanche, canards et torches du seigneur de Landal ; cierges du seigneur de Texue ; tison de Noël du prieuré de Saint-Malo-de-Teillaye, du seigneur de Bougon et du seigneur de la Maillardière ; soule du seigneur du Pontavice. — Croyances : nouveau miracle de Cana ; conversation des bœufs ; extinction temporaire du Purgatoire ; demandes de prières par les *angoisseux* du Purgatoire. — Légendes : messe libératrice du recteur de Ploërmel ; les cloches englouties du lac de Grand-Lieu....................................... Page  7

# Le Premier Jour de l'An

Cueillette du gui. Le vieux cri *Au gui l'an neuf !* est-il l'origine des expressions *eguinané, haguignettes, guillenheus, aguilaneu, hoguignettes,* etc.? Quête de la *guillaneu* : pauvres de la Basse-Bretagne ; municipalités de Lesneven et de Landerneau. Belle complainte pour les quêteurs de la *guillaneu*. — Redevances : échaudés de l'Evêque et du Chapitre de Nantes ; dîner du sire de Quélen ; arc et flèches du seigneur de la Chèze ; chef-d'œuvre de poterie du seigneur de la Villeneuve ; brûlis de lin et chanvre et chanson du seigneur de Rochefort-en-Terre ; soule des habitants d'Herbignac. — Croyance : étrennes de fleurs et de fruits offertes aux fontaines. — Embrassades du jour de l'an satirisées par Desforges-Maillard. Subterfuge macabre d'un Rennais qui ne voulait pas donner d'étrennes.................................................. Page  22

# L'Epiphanie

Représentations figurées : *les Trois Rois* dans les églises et sur les places publiques depuis le XI<sup>e</sup> siècle ; *les Rois* à Vannes. — Redevances : soule des habitants d'Herbignac, du seigneur de Rochefort-en-Terre ; cierge du seigneur de Cherville ; gâteaux du seigneur de Goulaine.................................. Page  34

# Le Carême

Le Carnaval détrôné par le Carême. — Cierges symboliques du Mercredi des Cendres, en la Cathédrale de Nantes, au XIII<sup>e</sup> siècle. — Feux de joie des Rameaux au pays guérandais. — Redevances des Rameaux : chapeau de fleurs de l'église de Plénée-Jugon ; bouquet de fleurs et 20 sous du seigneur des Clos. — Croyances : pronostic tiré du vent à la procession des Rameaux ; buis bénit protecteur des petits enfants. — 13 cierges et communions des Jours Saints, en la Cathédrale de Nantes, au XIII<sup>e</sup> siècle. — Le Jeudi Saint à Nantes : visite des tombeaux, *petits paradis,* étalages. — Représentations figurées : le Calvaire de Pontchâteau ; *la Passion,* par M. Bonnefois.

sur la place Bretagne : *la Passion*, par M. l'abbé Soreau, à Saint-Stanislas. — Légende du rouge-gorge et de la pie......... Page 38

## Pâques

Clers et laïques envahissent les maisons, tirent du lit les habitants, les mènent en chemise à l'église et les arrosent. Chanoines vont en procession réveiller leurs confrères paresseux, les conduisent à l'église et les condamnent à payer un déjeuner. — Pâques à Nantes en 1800. — Redevances : saut des poissonniers dans la rivière à Bécherel, Châteaubriant, Rochefort-en-Terre, Pontivy ; saut de carpe du commandeur de Pontmelvez ; messe interrompue par le commandeur de Palacrète ; soule à Vieuxviel ; soule de l'Evêque et du Chapitre de Saint-Brieuc ; quintaine de l'évêque de Saint-Brieuc ; quintaine à Bécherel, à Pontivy ; quintaine et bouhourdage à Loudéac ; fleur ou feuille choisie du seigneur de la Villebilly ; rose de bois, roi et reine enfantins et cortège musical du seigneur de Saint-Ideuc ; baiser, chanson et danse du baron de Lohéac ; chevreau du baron de Clisson ; pain, viande, vin et serviette du seigneur du Bois-de-Bintin ; *roucssoles*, fouaces et vin du baron d'Ancenis ; bassinée de bouillie du Chapitre de Rennes ; œufs de Pâques du seigneur de Texue et du seigneur de Betton. — Quête des œufs par les garçons meuniers à Saint-Lyphard. — Théogonie de l'œuf ; l'œuf de Pâques est une étrenne favorable ; œuf naturel, colorié, durci ; lutte des œufs ; œuf artificiel. L'assemblée de la Saint-Agapit à Nantes, par M. l'abbé Durville..................................... Page 47

## Le Mois de Mai

Dormeurs arrachés de leurs lits le 1er mai. — Fleurs funèbres des jeunes Bretonnes. — Quête des coquaillers à Guémené. — Compagnies d'arquebusiers et tir du papegault ; privilèges du Roi du Papegault à Nantes. — Usages de la plantation du mai et de la Reine de Mai. — Redevances : gants et ballottes du sire de Bougon ; ceinture de bergère et chanson du seigneur de Châteaugiron ; mai, vin, pain, bouquet, baiser et chanson du seigneur du Pallet, du seigneur de Bréal ; mai, rose, roi et reine de mai du seigneur de Saint-Jouan-des-

Guérets. — Célébration du mois de Mai et chansons de mai à Moncontour, Plaine-Haute et Scaër, par M. Louis Tiercelin ; célébration du mois de mai et chanson de mai à Quintin, par M. de la Borderie...................................................... Page 59

# Les Rogations

Visite de saint Gonery à sainte Eliboubane. Semences au pied des croix fleuries et verdoyantes. *Les Rogations* par l'auteur du *Génie du Christianisme*...................................................... Page 73

# La Pentecôte

Pardon des oiseaux dans la forêt de Carnoët ; vente d'oiseaux à Plourhan. Assemblée des *promis* et bouquet de muguet dans la forêt du Gâvre. — Redevances : quintaine du seigneur de Montcontour ; argent, vin et chapeau de fleurs dûs au même seigneur par les filles de joie ; jeu de paume du seigneur de Barbechat ; soule, chanson et danse du seigneur de Montbouan ; chansons et baisers du seigneur de l'Epine-Gaudin ; chapeau de roses sur la tête de saint Georges du vicomte de Donges ; saut dans une cave pleine d'eau du seigneur de Larchapt ; combat singulier en mer entre une oie et un chat du seigneur de Saint-Nazaire ; les deux ânes chargés de verdure du sire de Rays ; la *Drague* du seigneur de Rochefort-en-Terre. — Le cheval Mallet à Saint-Lumine-de-Coutais ; le cheval Fou de Lyon et les Chevaux-Fugs de Montluçon......... Page 76

# La Fête-Dieu

Redevances : rose du seigneur de la Planche ; bouquet d'œillets ou de roses du baron de Vitré ; bouquet de roses du seigneur de Betton ; bouquet du seigneur de la Balluc ; chapeau de roses des seigneurs de Chauvigné et de Baillé ; bouquet ou chapeau de fleurs du baron de Pontchâteau ; couronne de roses de l'évêque de Dol. — Fleurs des reposoirs rapportées au logis. Sang répandu par une galette faite pendant la procession. — La Fête-Dieu à Landerneau : cinquante chérubins bizarres. La Fête-Dieu à Nantes : les corporations

en 1557 et 1608, par M. l'abbé Durville ; description complète de la
procession du Sacre en 1749, par Mellinet ; luttes de préséances entre
les juges consulaires et les chanoines de la Cathédrale en 1707, entre
les mêmes juges et le Corps de Ville en 1720, entre la Chambre des
Comptes et l'Evêque de Nantes en 1754 ; la procession générale de
la Fête-Dieu ne commença à Nantes qu'au XVe siècle ; processions
nantaises sous la Terreur, sous l'Empire ; popularité à Nantes de
cette belle cérémonie............................................ Page  85

# La Saint-Jean

Feux de la Saint-Jean : quête pour le combustible, perche fleurie,
complainte, orchestre rustique, bénédiction du bûcher par le recteur,
danse circulaire, bâton tournant, récitation du rosaire, visite de neuf
bûchers par les jeunes filles à marier, tison contre les korrigans,
saut à travers le brasier, bancs pour les défunts, concert des
bassines, zone favorable, fleurs talismaniques, cendre jetée au vent,
herbe de la Saint-Jean plongée dans la flamme arrête la foudre et la
grêle ; à Saint-Jean-du-Doigt feu allumé par un ange, fleurs et tison
recueillis par les jeunes filles contre les douleurs nerveuses et le
tonnerre ; feux de Saint-Jean et de Saint-Pierre sur la place Saint-
Jean à Nantes au XVIe siècle ; torche giratoire à Brest ; la Saint-Jean
chez les pêcheurs d'Islande ; feux de Saint-Pierre en Bretagne, par
M. L. Tiercelin. — Redevances : aubades, chansons, bûcher, vin,
pain bénit et diner de l'afféagiste du poids public des halles de
Dinan ; combustible dû par les nouveaux mariés de Saint-Etienne-
de-Montluc ; jeu de paume, bûcher, chansons et épingles du seigneur
du Châtellier ; couronne de chévrefeuille, danses, chansons et baisers
du seigneur de Montfort, combustible dû par ce seigneur ; chapeau
de roses mis sur la tête de saint Jean du seigneur de la Hunaudaye ;
chapeau de roses du seigneur de Matignon ; bouquet de roses du
seigneur de Quintin ; chapeaux d'osier des chanoines de Rennes ;
quintaine et bouhours du baron de Gaël ; pot de fleurs armorié, fleurs
et cortège musical du seigneur de la Villeneuve. — Croyance : la
semence de fougère rend invisible. — Confrérie des Frères Blancs
à Saint-Malo. La bénédiction des coureaux à l'Armor ; sonnet de
M. Kerviler ....................................... Page  111

# La Toussaint
# Et la Commémoration des Morts

Redevances : bécasse du seigneur de la Ballue, du seigneur de
Coislin ; échaudés et vin de Bretagne et d'Anjou du baron de
Châteaugiron. — Croyances : âmes dans les maisons, souper et feu
pour les morts, tristes compagnons de lit ; la baie des Trépassés,
l'île de Sein, la barque des morts, les âmes sœurs. — Légende :
châtiment terrible de trois jeunes Bretons. — Respect du Jour des
Morts par les pêcheurs. — Prières pour les morts : procession au
cimetière, eau ou lait pour *blanchir* les trépassés ; confrérie des
Trépassés à Vannes ; clocheteur des morts à Nantes au XVᵉ siècle ;
prières bretonnes, charrette de la Mort, demandes de prières par les
âmes qui tourbillonnent dans les airs ; reconnaissance des âmes du
Purgatoire envers ceux qui, par leurs prières, hâtent leur entrée
dans le Ciel. — Poésie de Mᵐᵉ Thorel « La 'nuit des Morts en
Bretagne » ................................................. Page 129 233

Nantes, imp. C. Mellinet, place du Pilori, 5. — Biroché et Dautais, Succrs.